Der hermetische Bund teilt mit:

Hermetische Zeitschrift

Nummer 14

Mein Dank geht an Peter Windsheimer für das Design des Titelbildes. Des Weiteren an Ariane und Michael Sauter.

Für Schäden, die durch falsches Herangehen an die Übungen an Körper, Seele und Geist entstehen könnten, übernehmen Verlag und Autor keine Haftung.

Copyright © 2012 by Christof Uiberreiter Verlag
Waltrop • Germany

Herstellung und Verlag:
BoD – Books on Demand, Norderstedt
ISBN 978-3-7347-1613-3

Inhaltsangabe:

3

Vorwort:

Der Leser dieser Zeitschrift soll sich nicht wundern, wenn er in der Inhaltsangabe einige Aufsätze über Yoga und deren Praktiken, Philosophie und Methoden vorfindet. Selbst Franz Bardon war des Öfteren im Osten inkarniert und er schreibt auch in seinen Werken immer wieder von Yoga. Ein weiterer Grund für diese Artikel ist der Umstand, dass wir in dieser Zeitschrift sowie in dem Christof Uiberreiter Verlag die Hermetik aller Himmelsrichtungen, Religionen, Philosophien und esoterischen Gesetze zusammenfassen, damit der Suchende erkennt, dass alle Wege nach Rom führen, d. h., dass in allen gangbaren Systemen der tetragrammatonische Vierschlüssel als Grundlage jeglicher Entwicklung liegt.

Die Aufsätze mögen durcheinandergewürfelt erscheinen, so als hätten sie keinen Zusammenhang. Doch im Großen und Ganzen ist dem nicht so. Sie dienen alle der Erkenntnis, der Hilfe und als Ratschläge für den Hermetiker, damit er die universellen Gesetzte und Richtlinien erkennt und nicht mehr sagen kann, der Weg von Franz Bardons „Adepten" sei und ist zu schwer! Außerdem ist dies eine unabhängige Zeitschrift, in der man alles schreiben kann, was man will, solange es den hermetischen Gesetzen untersteht.

Abschließend möchte ich noch bekannt geben, dass wir die Seitenzahl der Zeitschrift erhöhen mussten, da es unzählige Aufsätze gibt, die es wert sind, veröffentlicht zu werden.

1. Psychologie im Yoga
Hohenstätten

Die Psychologie, hermetisch ausgedrückt, die Seelenschulung wird im indischen Yoga nicht klar beschrieben – wie so vieles nicht. Dieser kleine Aufsatz soll nun die Verschlüsselungen aufzeigen und sie verständlich erklären.

Ich beginne beim Wort „Yoga", welches bekanntlich „Vereinigung" bedeutet. Doch mit was vereinigt sich der Schüler? Genauso wie das Wort Religion Rückführung übersetzt heißt, verbindet man sich im Yoga mit der übergeordneten Gottheit, welche ein Vorbild, Ideal oder das Erstrebenswerte darstellt. Es ist das Prinzip, welches die Harmonie verkörpert, die Vollkommenheit versinnbildlicht.

Je nach Yoga-Weg gibt es unterschiedliche „Ideale", welche durch Meditation gesucht werden:

- Raja-Yoga – Verbindung durch Meditation über die entsprechenden Charaktereigenschaften mit dem göttlichen den Willen.
- Bhakti-Yoga – Verbindung durch Meditation über die menschliche Liebe zur göttlichen All-Liebe.
- Jnana-Yoga – Erhöhung des Verstandes durch Mediation zur Allweisheit
- Karma-Yoga – Erhöhung durch das Bewusstsein zur Allgegenwart; durch lang andauernde Versenkung in die menschlichen Eigenschaften in Verbindung mit einer höheren Macht.

In den herkömmlichen Yoga-Schriften findet man sehr wenig Informationen darüber. Nur die vier göttlichen Grundeigenschaften werden hin und wieder mal erwähnt – aber mehr nebensächlich. Es wird nicht näher auf sie eingegangen, obwohl das die Quintessenz jeglichen Weges ist. Selbst im Koran werden die göttlichen Tugenden erwähnt.

Durch die Vereinigung von „Ha" und „tha" – von Mond und Sonne wird das Samadhi erreicht. Viel genauer wird es hier im Westen ausgedrückt; und zwar durch die Verbindung vom göttlichen Feuer/Luft (Allmacht/Allweisheit) und Wasser/Erde (All-Liebe/Allgegenwart) wird das Samadhi, die Gottverbundenheit ermöglicht. So beschreibt es kein einziger indischer Meister!

Es gibt dann noch Begriffe, welche dem achtfachen Yoga-Weg unterstehen.

Sämtliche sollen in allen drei Ebenen ausgeführt werden – sie nennen das in Gedanken, Worten und Taten:

- Yama: Besteht in der Befolgung von edlen Eigenschaften, die sich der Chela aneignen sollte, damit er Erfolg bei seinen Übungen haben kann. Sie dienen der Selbstkontrolle und Erhaltung eines positiven Zustandes. Dazu gehören: Mäßigung der Gewalt, Aufrichtigkeit, Ruhe, Wahrheit, keinen Diebstahl begehen, Enthaltsamkeit usw. Man kann das mit dem hellen Seelenspiegel in der Hermetik übersetzen.
- Niyama: Bedeutet Einschränkungen und Verhaltensmaßregeln. Man kann es mit dem dunklen Seelenspiegel identifizieren, der dem Schüler sagt, welche Leidenschaften er nicht haben darf, damit er eine ausgeglichene Seele erhält. Sauberkeit, Zufriedenheit, Bescheidenheit, Achtsamkeit, Ausdauer, Gottvertrauen, Disziplin, Selbsterforschung, Reflexion – sich selbst erkennen. Das eigene Wollen, Denken, Fühlen und Handeln soll beobachtet und kritisch hinterfragt werden, um so insgesamt bewusster zu werden. Doch mehr wird in den indischen Schriften nicht erklärt . . .
- Asana: Ist die Körperbeherrschung nicht nur der Stellungen, sondern auch der Mäßigung in allen grobstofflichen Dingen wie Essen, Trinken, Sex, Alltag usw., aber auch in allen drei Ebenen – mental, astral und stofflich.
- Pranayama: Betrifft nicht nur die Lebenskraftatmung, sondern auch das bewusst Atmen, Poren-Atmung, Lebenskraftstau, Elemente-Stau und Fluidanreicherung. Nur wird dies nicht detailliert beschrieben. Aus diesem Grund rät jeder Yoga-Schrift zu einem Meister, welcher unbedingt für die wahre Einweihung nötig ist. Es wird nicht darauf hingewiesen, dass die Nadis Ida und Pingala (Sonne und Mond) analog dem elektrischen und magnetischen Fluid sind, und die fünf Atemtypen: Prana, Apana, Samana, Udana und Vyana, welche wiederum für die vier Elemente und das Akasha stehen.
- Pratyahara: Die Beherrschung der Sinne, wie sie nirgends im Yoga-System auch nur annähernd beschrieben stehen. Man findet höchsten oberflächliche Hinweise, dass man etwas fühlen oder hören soll, was man nicht sieht oder hört. Bei Franz Bardon wird dies in aller Klarheit beschrieben. Nicht nur dies, sondern auch auf

6

die drei Sinnen-Konzentration wird eingegangen, wovon man im Osten überhaupt nicht spricht.

- Dharana: Kann man mit Konzentration vergleichen, wie oben schon beschrieben steht. Manche „Yogis" weisen noch daraufhin dass man sich auch auf einen Punkt im Körper – gleich der Bewusstseinsversetzung – konzentrieren soll.
- Dhyana: Ist mit Meditation gleichzusetzen. Das bedeutet, dass man über seine Gottheit meditieren soll, um zur Verbundenheit zu gelangen, welche im
- Samadhi zu Vollkommenheit geführt wird. Dieser erhöhte Bewusstseinszustand geht über Tiefschlaf, Träumen und Wachsein hinaus. Eine sehr oberflächliche Andeutung der vier Umdrehungen zur Gottverbundenheit.

2. Die vier Elemente im Yoga
Hohenstätten

Wir Hermetiker wissen, dass die Entwicklung gemäß den vier Elementen verläuft. Im Westen ist dies bekannt, doch im Osten gibt es leider nur spärliche Hinweise darüber. Diese will ich nun zusammenfassen und zitiere aus dem Buch „Kundalini-Yoga" von Sivananda:

Das Muladhara Chakra liegt an der untersten Stelle des astralen Kanals der Wirbelsäule, zwischen der Wurzel des Zeugungsorgans und dem After, gerade unterhalb von Kanda und der Verbindung von Ida, Pingala und Sushumna Nadi. Sein Raum beginnt zwei Finger oberhalb des Afters, endet etwa zwei Finger unterhalb der Genitalien und ist etwa vier Finger breit. Es ist das tragende Chakra, über dem die anderen liegen. In ihm ruht „Kundalini", die allen Chakras Macht und Energie verleiht. Vier wichtige Nadis gehen von diesem Chakra aus und stellen die vier Blütenblätter der Lotusblume dar. Die subtilen Schwingungen, die von jedem der Nadi bewirkt werden, sind von den vier Sanskrit Buchstaben Vam, Sam, Sham und Sham dargestellt. Die Wurzel, die im Zentrum dieses Chakras liegt, heißt Kama (Begierde) und wird von den Siddhas (vollkommene Yogis) verehrt. In ihr schläft Kundalini. Ganesha ist die Göttin dieses Chakras.
Unter diesem Chakra liegen die sieben Unterwelten: Atala, Vitala, Sutala, Ta-latala, Rasatala, Mahatala und Patal Lokas. Sie sind auf niedere Chakras in den Gliedern bezogen, die von dem Muladhara Chakra kontrolliert werden. Bhuva, Swa oder Swarga, Maha, Jana, Tapo und Satya Lokas liegen oberhalb des Muladhara Chakras. Der Yogi, der in das Muladhara Chakra durch Prithvi Dharan (Konzentration) eingedrungen ist, hat Prithvi Tattwa (Erd-Eigenschaft) besiegt und keine Furcht mehr vor dem irdischen Tod. Prithvi ist von gelber Farbe. Der goldene Dreiklang (Feuer, Sonne, Mond) „Bija" genannt, ist die „große Energie", die im Muladhara Chakra ihren Sitz hat und als Swayambhu Linga bekannt ist. In der Nähe dieses Lingas (Zeichen) liegt die goldene Region, Kula genannt, deren herrschende Gottheit Dakini (Shakti) ist. Brahma Granti oder der Knoten Brahmas liegt im Muladhara Chakra. Der Buchstabe Lam ist dessen Tantraformel. Vishnu Granti und Rudra Granti liegen im Anahata und Ajna Chakra. Der Yogi, der sich auf Muladhara Chakra konzentriert und darüber meditiert, erlangt die vollkommene Erkenntnis der Kundalini

und damit die Mittel, diese zu erwecken.

Swadhisntana Chakra liegt im astralen Kanal der Wirbelsäule an der Wurzel der Genitalien. Es entspricht dem Bhuvar Loka und herrscht über Unterleib, Nieren usw. des physischen Körpers. Jala Mandal (die Region des Wassers – Apas Tattwa) liegt hier. In diesem Chakra herrscht als Gottheit Brahma, als Devata die Göttin Rakini. Der Buchstabe Vam liegt im Swadhishtana Chakra, dessen Farbe ein reines, blutähnliches Rot oder die Farbe des Zinnobers ist. Wer sich auf dieses Chakra konzentriert und über die Devata meditiert, hat keine Furcht vor dem „Wasser" und beherrscht das Wasserelement vollkommen. Er erwirbt verschiedene psychische Kräfte, intuitive Erkenntnis, vollkommene Beherrschung seiner Sinne und Erkenntnis der astralen Wesenheiten. Begierde, Zorn, Gier, Täuschung, Stolz und andere Unreinheiten sind ausgelöscht. Der Yogi wird zum Sieger über den Tod.

Manipura ist das dritte Chakra von unten gerechnet. Es liegt innerhalb der Sushumna Nadi in der Nabelgegend. Sein entsprechendes Zentrum im physischen Körper beherrscht Leber, Magen usw. und ist ein sehr wichtiges Zentrum von diesem Chakra, das die Farbe dunkler Wolken hat. In der Mitte des Chakras liegt ein Raum in Form eines Dreiecks: Das Agni Mandala (Feuerregion – Agni Tattwa). In ihm befindet sich die Tantraformel Ram, die Bildekraft des Feuers. Die beherrschende Gottheit ist Vishnu und die Göttin Lakshmi. Das Manipura Chakra entspricht Swa oder Swarga Loka und dem Solarplexus im physischen Korper. Der Yogi, der sich auf dieses Chakra konzentriert, ist von allen Krankheiten befreit und kennt keine Furcht vor Feuer. „Selbst, wenn er in brennendes Feuer geworfen wird, bleibt er ohne Todesfurcht am Leben."

Das Anahata Chakra liegt innerhalb der Sushumna. Es beherrscht das Herz und entspricht dem Plexus Cardiacus des psychischen Körpers. Das Chakra ist von tief roter Farbe. In ihm ist ein sechseckiger Raum von dunstiger oder tief schwarzer Farbe. Dieses Chakra ist das Zentrum der Luftregion, (Vayu Tattwa). In diesem Chakra liegt die Formel Yam, die Bildekraft von Vayu. Die beherrschende Gottheit ist Isha (Rudra) und die Devata Kakini. In diesem Zentrum wird der Klang Anahat, der Klang des Shabda Brahma, offenbar. Wer über dieses Chakra meditiert, beherrscht in vollkommener Weise Vayu Tattwa (Luft), die voller harmonischer

9

Eigenschaften ist. Er vermag durch die Luft zu fliegen und in den Körper anderer einzudringen.

Das Vishuddha Chakra liegt im Sushumna Nadi am unteren Ende des Halses. Es entspricht dem Jana Loka und ist das Zentrum des Äther-Elementes. Reines Blau ist seine Farbe. Alle Chakras, die über dem Vishuddha Chakra liegen, gehören zu Manas Tattwa (Bewusstsein). Die beherrschende Gottheit ist Sadasiva und die Göttin Shakini. Die Region des Äthers ist von runder Gestalt, dem Vollmond gleich. Die Akasa Tattwa (Ham) liegt in der Mitte des Chakras und ist von weißer Farbe. Dieses Chakra entspricht dem Plexus Laryngeus des physischen Körpers. Wer diese Konzentration übt, wird selbst beim Untergang des Kosmos nicht vergehen, denn er erlangt die höchste und vollkommene Erkenntnis der vier Veden. Er wird zu einem Trikala Jnani, der Vergangenheit, Gegenwart und Zukunft kennt.

Die Tattwalehre entstammt dem in nachbuddhistischer Zeit, im indischen Mittelalter, ausgebildeten Sankhya-System. Das Grundbuch des Sankhya-Systems ist die Sankhya-Karika, deren Verfasser Icvarakrishna etwa um das Jahr 500 unserer Zeitrechnung gelebt zu haben scheint. Das Sankhya-System berücksichtigt hauptsächlich fünf Tattwaformen: Akasha-, Vayu-, Tejas-, Prithvi- und Apas-Tattwa. Diese Tattwas werden in Beziehung zu den fünf Elementen der griechischen Naturphilosophie, den fünf Sinnesorganen, zu gewissen Farben und physikalischen Begriffsbildungen gesetzt. Diese Tattwa-Lehre wurde von der englischen Theosophie ohne auf deren wahren Entsprechungen zu reagieren, übernommen und falsch weiterverbreitet. Ich will hier nicht auf die verdrehten Lehren eingehen, sondern nur kurz deren praktischen Sinne erwähnen, der aber rein im tantrischen liegt, da Elemente-Übungen zusammen mit dem Aussprechen von den fünf bekannten Tantraformeln ausgeübt werden, welche Franz Bardon folgende Zuordnung gibt:

- Lam = Erde
- Vam = Wasser
- Pam = Luft
- Ram = Feuer und
- Ham = Akasha

3. Yoga
E. Hengtes

Yoga ist eine seit altersher in Indien geübte seelische Schulungsmethode. Die Wurzel des Sanskritwortes Yoga ist mit dem lateinischen „jungo" = „vereinen" verwandt. Die Yogapraktiken bezwecken die innere Ablösung von der Welt zugunsten einer Vereinigung mit dem Urgrund, dem Allgeist. Da alle Einzelseelen aus dem Allgeist hervorgingen, ist das menschliche Ich seinem innersten Wesen nach göttlicher Natur. Yoga sucht also die Einigung des Menschen mit seinem wahren Selbst herbeizuführen. Auch die abendländische Mystik bezeichnet das eigentliche Wesen des Menschen als göttlich, gemäß dem Bibelspruch: „Ihr seid Tempel des Heiligen Geistes!"

Man kann Yoga also definieren als ein planmäßiges Verfahren, mittelst dessen der Inder seinen Alltagszustand, insbesonders seine alltäglichen Gedanken und Interessen unterdrückt, um auf diese Weise das eigentliche, ewige Wesen seines Ich zu erkennen. Yoga ist daher ein Weg zur Selbsterkenntnis. Alles Sein ist nur Schein und Täuschung. Maya, die Täuschung, die Illusion, gilt in der indischen Philosophie als die Ursache allen Übels. In den Einleitungsstrophen des „Gherandasamhita", eines alten Yogatextes, heißt es: „Es gibt keine Fessel gleich der Maya; es gibt keine andere Kraft als den Yoga". Weiterhin heißt es dort: „Wie man mit Hilfe des Alphabetes die Wissenschaft erfasst, so wird auch die Erkenntnis der Wahrheit erlangt, nachdem man sich den Yoga angeeignet hat".

Yoga heißt eigentlich „Anspannung". Das Wort drückt somit aus, dass, wer sich auf diesen Pfad begibt, sich damit anschickt, ein ernstes Unternehmen durchzuführen, zu dem die volle Anspannung aller seiner Kräfte erforderlich ist. In der ältesten Zeit der brahmanischen Zauber- und Opferpraxis hatte Yoga einen ausgesprochen magischen Sinn und bedeutete „Anschirrung" der Zauberkraft oder „Unterjochung" des Gottes durch Beschwörungen, magische Zeremonien und Opferhandlungen. Seinem innersten Wesen nach ist der Yoga der Kampf gegen den Alltagsinhalt des Bewusstseins. Die Anspannung der geistigen Kräfte durch Konzentration des Denkens auf einen Punkt erfolgt durch ein ganz bestimmtes, genau ausgestaltetes System von Übungen, die z. T. asketischer Art sind.

In keinem andern Land wird die Ausübung und Wertschätzung der Askese derart weit getrieben wie in Indien. Das Asketentum bildet eine höchst charakteristische, kulturgeschichtlich wie vor allem psychologisch sehr interessante Erscheinung im Leben Indiens. Im Laufe der Zeit hat sich die Askese in Indien zu einer geradezu unglaublichen Systematik entwickelt. In Indien gibt es alle möglichen Arten von Asketen und dementsprechend auch Arten und Richtungen von Askese. Diese mannigfachen Übungen, die häufig von einer raffinierten Grausamkeit sind, werden jedoch nicht als Sühne oder Buße ausgeführt, sondern um den Zusammenhang mit dem Göttlichen zu erleben. Wie alle indische Askese geht der Yoga in seinen Wurzeln auf die Frühzeit zurück. Es finden sich bereits bestimmte Andeutungen im Rigveda und Atharvaveda, wo sogar das Wort „Yoga" als Bezeichnung für solche Übungen gelegentlich vorkommt.

Es gibt deutschen Ursprungs keine ernst zu nehmende Literatur über den Yoga. Eine halbwegs befriedigende Gesamtdarstellung des Yoga existiert überhaupt nicht. Wer dieses Thema behandeln will, muss den Stoff erst mühsam selbst zusammentragen. Als Quellschriften des Yoga kommen vornehmlich in Betracht: „Hathayogapradipika", „Gherandasamhita" und „Yoga-Sutra". In den Stanzen der „Hathayogapradipika" ist der wahre Sinn häufig unter augenscheinlich sinnlosen Symbolen verborgen. Der Zweck scheint dabei offenbar gewesen zu sein, durch die Sinnlosigkeit des Symbols und dessen Unvereinbarkeit mit dem behandelten Thema den Leser zu zwingen, über den tiefen und verborgenen Sinn dieser Absurditäten nachzugrübeln. Das klassische Werk des Yoga ist das „Yoga-Sutra", d. h. „Merksprüche des Yoga", das Patanjali zum Urheber hat. Man weiß nicht genau, wann es verfasst worden ist, und nimmt ziemlich allgemein an, dass es etwa dem zweiten Jahrhundert nach Christus entstammt. Die beste Verdeutschung ist im dritten Band von Deussens „Geschichte der indischen Philosophie" zu finden. Vor den von theosophischer Seite unternommenen Übersetzungen ist ausdrücklich zu warnen.

Das Yogasystem des Patanjali ist eine Fortbildung des indischen philosophischen Systems genannt Samkhya. Das Samkhya-System, das dem Yoga als theoretische Basis dient, ist jedoch atheistisch, während die Yogalehre des Patanjali einen Urgeist annimmt, aus dem alle Geister stammen und die Vereinigung mit diesem durch körperliche Abtötung und angestrengte Meditation zu erreichen sucht. Der Yogapraktiker kann jedes beliebige religiöse System vertreten und er wird seine Erfahrungen während der Ekstase stets im Sinne dieses Systems deuten. Nach den Schilderungen, die uns die Vertreter der verschiedenen Richtungen vom

Yoga und seinem Endziel geben, kann füglich angenommen werden, dass ihre abweichenden Ansichten nur auf Unterschiede der Ausdeutung gemäß ihrer doktrinären Einstellung zurückzuführen sind und dass die Erlebnisse, die Zustände selbst, bei den verschiedenen Vertretern so ziemlich dieselben gewesen sein dürften. Nirwana wird stets als höchstes Ziel hingestellt und Yoga ist der einzige Weg dahin. Die religiösen Systeme wechseln und vergehen mit Leichtigkeit in Indien. Wo der Inder zu fremden Religionssystemen greift, gibt er ihnen stets das Gepräge seiner eigenen Geistigkeit. So deutet er den Satz des Johannes-Evangeliums „Ich und der Vater sind eins" im Sinne seiner Yogaerfahrungen und erblickt darin den Kernpunkt des ganzen Christentums.

Das Yogasystem des Patanjali ist festgelegt auf die Ausdeutung, dass dem geistigen Ich des Menschen vor allem die Aufgabe gesetzt ist, sich seiner Nichteinheit mit allem Ungeistigen bewusst zu werden. Patanjali war ein Anhänger jener Richtung, welche die bewusste Bewusstlosigkeit, auf den der Yoga abzielt, nicht als Erlebnis der Gleichheit des Ich und dem unpersönlichen Weltgrund, sondern als Erlebnis der Verschiedenheit des Ich von der Welt ausdeutete. Nach ihm besteht die Erlösung des Menschen in der Einsicht, dass alles, was dem Ungeistigen widerfährt, nicht wahrhaft ihm widerfährt.

Es gibt in Indien sieben Yogaschulen, nämlich Karma-, Bhakti-, Hatha-, Laya-, Gnani-, Mantram- und Raja-Yoga. Diese verschiedenen Yogamethoden gehören der brahmanischen Religion an, nicht dem Buddhismus. Die buddhistische Meditationspraxis ist aus dem Yoga hervorgegangen.

Karma-Yoga ist das primitivste Yogaverfahren. Es ist der Weg der Vollkommenheit durch selbstlose Pflichterfüllung und gute Werke. Das Verhalten des Karma-Yogi hat viel Ähnlichkeit mit der Pflichtmoral protestantischer Systeme. Dieses System fußt auf der Annahme, dass das irdische Schicksal die selbstgeschaffene Folge unseres Verhaltens in früheren Existenzen ist. Wer sein Karma geduldig erträgt, sein Schuldenkonto abbüßt, wird auf einer höheren Stufe, je nach seinem Verdienst, wiedergeboren, falls er nicht gleich überhaupt unmittelbar in Brahman aufgeht.

Bhakti-Yoga ist der Yoga der Devotion. Er will das Göttliche durch Liebe, Anbetung und Verehrung erreichen und wird so recht eigentlich in unseren Religionsübungen betrieben.

Der sogen. Hatha- oder Kriya-Yoga, auch praktischer Yoga genannt, umfasst 5 Stufen, die dazu dienen, die sogen. 5 moralischen Gebrechen, die den Menschen an das weltliche Dasein fesseln, abzuschwächen und den sonstigen Hindernissen der Konzentration entgegenzuwirken. Hatha-Yoga geht davon aus, dass der Mensch aus dem Allgeist hervorgegangen ist und dass er nur die Hindernisse zu beseitigen braucht, die ihm die Erkenntnis dieser Einheit trüben. Diese Hindernisse liegen in der Leiblichkeit des Menschen. Hatha-Yoga ist daher lediglich ein körperliches Training, das mit Atemübungen beginnt und schließlich die Herrschaft über alle, auch die sonst unbewussten Vorgänge, wie den Herzschlag, gewinnt. Dadurch soll ein Bewusstsein jenseits der Leiblichkeit erreicht werden. Der geistige Wert dieses Yogaverfahrens wird von den Indern sehr gering geschätzt. „Das Resultat dieses Teiles der Yoga", – schreibt Swami Vivekananda – „ist, dass die Menschen lange leben. Gesundheit ist das hauptsächliche und einzige Ziel des Hatha-Yogi. Das ist aber auch alles. Ein Mensch, der lange lebt, ist bloß ein gesundes Tier".

Hatha-Yoga umfasst vier Übungsstufen und man sieht ihn gemeinhin als eine niedere Phase, eine Vorstufe des Raja-Yoga an, obgleich er ihm diametral entgegenläuft. Die Praktiken des Hatha-Yoga können unter Umständen zu einem unbedingten Hindernis für Raja-Yoga werden.

Alle Yoga-Arten kennen 8 Kettenglieder oder Stufen, und darum bezeichnet Patanjali den Yoga auch als den achtfachen Pfad. Diese Unterabteilungen teilen sich wieder ein in die ersten fünf, welche man den äußerlichen Yoga nennt, und in die letzten drei, die man unter der Bezeichnung „Samyama" zusammenfasst und die den eigentlichen oder innerlichen Yoga ausmachen.

Die erste Stufe, genannt Yama = die Zucht, regelt das Verhalten des Yogi gegen andere und umfasst folgende fünf Gebote: Nicht schädigen und nicht töten, nicht lügen, nicht stehlen, keine Unkeuschheit begehen, keinen Besitz haben. Es ist einleuchtend, dass dadurch ein Gemütszustand geschaffen wird, der die innere Ruhe, die ja in allererster Linie zur Herbeiführung des Yogi notwendig ist, ermöglicht. Die diesbezüglichen religiösen Vorschriften haben also nicht nur einen ethischen, sondern noch einen rein psychologischen Zweck. Wer noch in die Interessen dieser Welt verflochten ist, der kann überhaupt nicht hoffen, zur Erlösung zu gelangen. Solange er diese Vorbedingungen nicht erfüllt hat, für den ist der Weg des Yoga überhaupt verschlossen.

Die zweite Stufe (Niyama) regelt das Verhalten des Yogi gegen sich selbst. Niyama, was man mit „Observanz" übersetzen kann, begreift Vorschriften zur Reinigung des inneren und äußeren Menschen. Die Yogalehrbücher der späteren Zeit enthalten außerordentlich ins Einzelne gehende Anweisungen über die vorgeschriebenen Arten der Reinigung. Es werden alle möglichen Arten von äußerlichen und innerlichen Waschungen und Spülungen vorgeschrieben, sowie uns ganz unbekannte Arten der Reinigung der Körperkanäle. Diese Reinigungsvorschriften begreifen vornehmlich folgende Übungen: 1. Reinigung des Darmkanals, Reinigung von Mund, Zähnen, Rachen und Ohren, Reinigung des Magens und der Brust, Reinigung des Anus und der Schamteile; 2. Reinigung durch Spülungen und Purgiermittel; 3. Mechanische Reinigung des Nasenrachenraumes; 4. Reinigung des Nasenrachenraumes durch Atemübungen und Wasserspülungen; 5. Eine Art Bauchtanz zur Stärkung der Bauchmuskulatur und Unterstützung der Darmtätigkeit.

Diese vielen Reinigungsvorschriften sind alles recht umständliche Prozeduren, die der Europäer durch hygienische Maßnahmen wirkungsvoller, auf jeden Fall eleganter ersetzen kann. Sodann muss der angehende Yogi Genügsamkeit und Wunschlosigkeit üben. Das ist einer der Hauptschlüssel zur Pforte des Yoga. Patanjali sagt: „Das Bewusstsein von jemand, der jeden Wunsch bemeistert hat und weder nach wahrnehmbaren noch nach schriftlichen Dingen dürstet, ist Vairagya." Vairagya lässt sich mit „Verlanglosigkeit" übersetzen.

Die erste und zweite Stufe suchen das „Mens sana in corpore sano" zu verwirklichen. Der Yogi muss sich daher der Enthaltsamkeit befleißigen, ohne jedoch in eine übertriebene Askese zu verfallen, denn er braucht einen starken und in allen Teilen ganz gesunden Körper.

Zu Niyama gehört auch die strikte Befolgung der Vorschriften derjenigen Religionsform, welcher der Yogi angehört, das Studium und die Meditation der heiligen Schriften sowie Gottergebenheit. Da die Sankhialehre, zu welcher die Yogalehre eine Vervollständigung bildet, keinen Gott annimmt, während das Yogasystem des Patanjali einen solchen (Iswara) kennt, so hat seine Philosophie die Bezeichnung „Sesvarasankhia" erhalten. Iswara ist eine eigene Seele, unberührt durch Betrübnis und Freude, Werke und Eindrücke", sagt Patanjali.

In das Kapitel des Niyama gehört auch das sogen. „Japa", d. i. unhörbares Aussprechen eines heiligen Spruches oder Wortes (Mantrams). An dieser Stelle ist auch der Mantram-Yoga zu erwähnen, der die Beherrschung seines Selbst, seines Schicksals und schließlich sogar der Außenwelt durch die geistige Kraft des Wortes und Gebetes, indem dieses längere Zeit hindurch andauernd wiederholt wird, zu erreichen sucht. In gewissem Sinne erinnert dieses Yogaverfahren an die in jüngster Zeit weit verbreitete Couesche Suggestionsmethode.

Die dritte Stufe (Asana) begreift eingehende Vorschriften für die Platzwahl und den Bau der Wohnhütte, ausführliche Diätvorschriften sowie die verschiedenen Sitzarten. Der Yogi sucht von außen nach innen zu wirken und passt gleich seine Stellung demjenigen Zustand von vornherein an, in den er sein Gemüt versetzen will. Die Zahl der Sitzarten schwankt je nach den Quellen. Die meisten dieser Körperverrenkungen sind für den Abendländer nicht ausführbar, der schon nicht einmal wie der Orientale sitzen kann. Die Vorschriften über die Sitzarten sind in den Upanishaden und bei Patanjali anfänglich sehr einfach und sind später kompliziert geworden. Es gibt genaue Beschreibungen von 32 klassischen Asanas, die aber nur von sogen. Schlangenmenschen ausgeführt werden können. Der Zweck dieser Vorschriften ist vornehmlich: Möglichst bequemen Sitz für die Meditation. Daher sagt Patanjali: „Stellung ist die, welche fest und angenehm ist". „Asana muss tagtäglich geübt werden", schreibt Swami Vivekananda, „bis gewisse höhere Zustände erreicht sind. Daher ist es notwendig, dass wir eine Sitzart wählen, in der wir längere Zeit verbleiben können. Wir sollen jene Stellung benutzen, die uns am bequemsten ist. Nervenströme werden dadurch abgeleitet und in neue Bahnen gelenkt. Neue Arten von Vibrationen werden auftreten und der ganze Körper wird umgewandelt werden". Gewisse Körperstellungen sind unverkennbar hypnogener Art und bezwecken die Überleitung in einen Schlafzustand, der mit den Bewusstseinsveränderungen parallel geht. Andere Stellungen bezwecken eine Einflussnahme auf den Pfortaderkreislauf. Die Asanas sollen noch auf die Zirkulation in den unteren Extremitäten, sowie auf den Geschlechtstrieb Einfluss nehmen und ein Training für die Willenskraft abgeben. Nebenbei bemerkt, bildet die kniende Stellung der christlichen Kirchen ebenfalls eine in den alten Yogaschriften lange vor Einführung des Christentums beschriebene Asana (Vajrasana).

Pranayama, die vierte Yogastufe, bedeutet eigentlich „Bezwingung des Hauches". Prana ist synonym mit Atem und Leben. In der älteren Upanishadzeit wurde der Prana als geistiger Natur angesehen, ja geradezu mit der Allseele identifiziert. Später erst, so im Hatha-Yoga, ist er materialisiert worden. Im heutigen Yoga wird Prana oftmals physisch-materiell aufgefasst. Srichandra Basu sagt: „Das Denkprinzip ist mit einer Gasflamme vergleichbar, der das Gas unter stetig wechselndem Druck zugeführt wird. Das Blut, welches das Herz dem Gehirn zusendet, ist das

Gas, welche die Flamme des Gemütes erhält, und im Verhältnis der verschiedenen Leidenschaften und Gefühle ist die Zufuhr des Blutes zum Gehirn nicht immer gleichmäßig; daher zittert und flackert der Gedanke und bildet ein ungleichmäßiges Licht. Deshalb übt der Yogi Pranayama, sendet einen gleichmäßigen Strom von Blut in sein Gehirn und versucht die Flamme immer stetig zu halten". Entsprechend der ursprünglichen Auffassung vom Prana ist das Wesen der Pranayamaübungen jedoch nicht im Materiellen, sondern im Geistigen, richtiger im Vorstellungsmäßigen. Während die abendländische Medizin nur einen Austausch von Sauerstoff und Kohlensäure durch die Lungen infolge des Reizes des im Rückenmark gelegenen Atemzentrums kennt, sind die indischen Anschauungen über die Atmung viel komplizierter. Der Inder unterscheidet zwischen einem rhythmischen Wechsel der Atmung durch das linke und rechte Nasenloch, wodurch die Luft zu einem zwischen der Schamgegend und dem Nabel gelegenen Zentrum geführt und von dort aus durch 72 000 Kanäle durch den ganzen Körper geleitet wird. Die Luft, die durch das linke Nasenloch eingezogen wird, gelangt durch die linke Halsschlagader in den Leib, während die Luft, die durch das rechte Nasenloch eingezogen wird, durch die rechte Halsschlagader in den Leib kommt. Diese Adern vereinigen sich im Unterleib, halbwegs zwischen Nabel und Geschlechtsorgan zur Hauptröhre, und durch die Hauptröhre, die von der Mitte des Bauches durch den Darm und den Magen bis in jenes Gefäß reicht, das nach dieser Vorstellung Luft- und Speiseröhre zugleich ist, entweicht dann die Luft nach oben. Dieser Kreislauf des Atems reinigt den Körper und ist daher eine wesentliche Vorbedingung für die Gewinnung der höheren Zustände des Bewusstseins und der Erlösung, welche das eigentliche Ziel des Yoga ist. Das ist ein Hauptgrund, warum der Yoga auf die Regelung der Atmung solches Gewicht legt. Nur sie vermag die gewaltigen Hindernisse zu beseitigen, die sich dem freien Kreislauf des Atems in den Weg stellen. Im unteren Ausgang des Hauptrohres nämlich, in der Mitte des Bauches, liegt ein massives Wesen, das als ein weiblicher Dämon aufgefasst wird, der den Menschen am freien Atmen hindert. Dieses Wesen heißt Kundalini, und es ist nun eine Hauptaufgabe des Pranayama, durch kunstgerechtes Atmen diese Kundalini dazu zu bringen, dass sie ausweiche, sich in die Länge strecke, so dass die Luft an ihr vorbei durch das Hauptrohr streichen und endlich zum Mund ausströmen könne. Im „Gheranda-Samhita" (III, 49-52) heißt es: „Die höchste Göttin Kundalini ruht schlafend im Gedärm; sie hat die Gestalt einer Schlange und besitzt drei und eine halbe Windung.

Solange sie im Leibe schläft, ist die Seele wie ein Vieh, solange kommt kein Wissen, ob man schon zehn Millionen Yogaübungen vollbrächte. Wie man aber den Torweg mit einem Schlüssel gewaltsam öffnet, so bringt man durch Aufwecken der Kundalini die Türe Brahmans zum Klaffen".

Was den Atem selbst anbelangt, so unterscheiden die Upanishaden fünf Teile: Prana, Apana, Samana, Udana und Vyana. In der Yogapraxis wurde die Zahl fünf auf zwei erniedrigt, nämlich: der aufwärtsgehende Atem (Prana) und der abwärtsgehende (Apana). Es sind noch drei Vorgänge zu erwähnen, die für die Atmung von Bedeutung sind: 1. das Einatmen (Puraka); 2. das Ausatmen (Rechaka) und 3. das Hemmen des Atems (Kumbhaka). Besonders der Atemhemmung wird in der Yogapraxis eine große Bedeutung zugelegt und man übt gewöhnlich acht verschiedene Arten von Kumbhakas. Während dieser mannigfachen Atemübungen soll der Yogi seinen Geist auf die drei Urprinzipien (Sattwa, Rajas, Tamas) richten, welche gemäß der Samkhyaphilosophie die Welt bilden. Zu diesen Übungen gehört auch die Konzentration auf die fünf Elemente (Tatwas), sowie das wiederholte Aussprechen gewisser Laute oder einzelner Vedasprüche.

Die Atemübungen in dem Yoga bilden eine psychologische Grundlage und Unterstützung für die Versenkung. Es ist allgemein bekannt, dass ein enger Zusammenhang zwischen Atmung und psychischen Vorgängen besteht. Bei gespannter Aufmerksamkeit hält man bekanntlich den Atem an. Auch beim Einschlafen tritt Verlangsamung der Atmung ein. Ebenso bei der Hypnose konnte dies häufig beobachtet werden. Es ist daher wohl möglich, dass durch systematische Atemhemmungen Bewusstseinsveränderungen erzeugt werden können. Aus den Bekenntnissen vieler Mystiker, wie z. B. Swedenborg, wissen wir, dass längere Zeit geübte Atemhemmungen Visionen halluzinatorischer Art hervorrufen.

Kundalini-, auch Laya-Yoga genannt, bildet eigentlich kein besonderes Yogaverfahren, sondern gehört seinem eigentlichen Wesen nach zu den Praktiken der Hatha-Yoga. Kundalin-Yoga war bisher in Europa wenig bekannt. Vor einigen Jahren erschien in London ein grundlegendes Werk darüber von einem höheren englischen Beamten, Sir John Woodroffe, der unter dem Pseudonym A. Avalon und unter dem Titel „The Serpent Power" eine Übersetzung des „Shatchakra Niroupana" herausgab. Ist die geheimnisvolle Kundalini geweckt und der dritte Kanal dem Atem geöffnet, dann erscheinen die Kraftzentren, Cakras, welche die Gestalt von Lotusblumen haben. „Die Schule, die sich am meisten mit den Cakras beschäftigt", schreibt Leadbeater, „ist jene der Laya-Yoga, deren System darin besteht, die höheren Kräfte der Feuerschlange zu erwecken, welche gezwungen wird, die einzelnen Zentren zu durchdringen. Ist die Erweckung der Kundalini gelungen, so werden durch deren ungeheuren Kräfte alle übrigen Zentren belebt". Die Hinduphysiologie nimmt im Körper sieben Zentren, Cakras, an, die sie als Lotusblumen symbolisch darstellt. Die abendländische Anatomie kann für die Cakras weder in den Drüsen noch in den Nervenzentren genaue Entsprechungen finden. Außer den sieben Hauptcakras gibt es noch einige kleinere, die aber keine besondere Rolle in der Yogapraxis spielen. Anderswo werden noch mehr Cakras angenommen. Der fiktive Charakter dieser vermeintlichen Kraftzentren steht durch das nachstehende Eingeständnis Leadbeaters außer Zweifel: „Die festgestellten Unterschiede sind keineswegs überraschend, denn es gibt unbestreitbar Variationen inbetreff der Cakras, je nach den Nationen, Rassen und selbst je nach den Fähigkeiten der Beobachter". Die unterste, vierblätterige Lotusblume entspricht unserer Keimdrüse. Hier liegt die Schlange Kundalini eingerollt, mit dem Kopf die Öffnung der Wirbelsäule, die Pforte des Brahma, schließend. Diese gilt es durch konzentrierte Meditation zu öffnen und den vorher durch geeignete Vorstellungen abgesonderten Saft der Keimdrüse willensmäßig emporzuziehen durch die übrigen Cakras bis in den Scheitel, wo die oberste, die tausendblätterige Lotusblume, liegt, der Sitz der Selbstheit, des Atman. „Kundalini", belehrt uns Arthur Avalon, „ist die in den Körpern eingeschlossene göttliche kosmische Energie. Es ist die statische Form der schöpferischen Energie in den Körpern, welche die Quelle aller Energien ist". Die Schlange Kundalini ist jedenfalls gleichbedeutend mit Eros, das Symbol des die Welt zeugenden und bewegenden Triebes. Kundalini-Yoga bezweckt daher, den Eros durch Erkenntnis ganz bewusst zu machen. Hier werden Trieb und Geist gleichermaßen herangezogen, es handelt sich um deren innige Durchdringung. Diese Yogamethode bestellt im Wesentlichen in der Verdichtung der Aufmerksamkeit auf irgend einen Gefühlsvorgang oder in der willkürlich hervorgerufenen und festgehaltenen Vorstellung einer Sinneswahrnehmung an oder in einem beliebigen Teil des Körpers, insbesonders der im Unterleib gelagerten Kundalini. Diese Konzentration auf bestimmte Vorstellungen wird mimisch unterstützt und verstärkt. Die Kundalini soll nach oben getrieben werden, was einesteils durch Konzentraion auf das Cakrassystem und anderseits durch Mittel geschieht, die von außenher den Unterleib bearbeiten, sei es durch Pressen der

Anusgegend und Druck auf das Perinaeum, Schlagen der Hinterbacken (?). Der Vorstellung des Nachobentreibens der Kundalini wird durch diese Manipulationen ein plastischer Ausdruck gegeben.

Während Kundalini-Yoga eine harmonische Verbindung von Eros und Logos zu erreichen sucht, ist der Gnani-Yoga unmittelbar auf das Verstehen gerichtet. Es handelt sich hier um die höhere Stufe des Intellekts, die Intuition, das geistige Schauen. Im Gnani-System berührt sich ebenso wie in der Vedantaphilosophie das höchstentwickelte Brahmanentum mit dem Buddhismus. Es setzt daher ein schon gut entwickeltes Erkenntnisorgan voraus, nämlich einen klaren Intellekt, der bereit ist, das Geistige bewusst werden zu lassen, nicht nur, wie die Wissenschaft tut, verstandesmäßige Schlüsse an sinnliche Wahrnehmungen zu knüpfen.

Die eigentliche Krone des Yoga ist und bleibt der Raja-Yoga. Die anderen Yogasysteme dienen eigentlich mehr oder weniger nur dazu, um das Raja-Yoga leichter erreichbar zu machen. Raja-Yoga kennt nicht die Körperverrenkungen und Atemgymnastik des Hatha-Yoga, sondern es ist ein hochgeistiges Schulungssystem, das vornehmlich mit der Ausbildung des spirituellen Willens, der Schärfung der Erkenntniskräfte und den Erweiterungsmöglichkeiten des menschlichen Bewusstseins zu tun hat. Auf den Raja-Yoga bezieht sich die Definition der Annie Besant: „Yoga ist vernunftsgemäße Anwendung der Gesetze der Bewusstseinsentfaltung in einem individuellen Fall". Das Raja-Yoga besteht in der direkten Vereinigung des Einzelbewusstseins mit dem Allbewusstsein. Das Studium des Raja-Yoga beansprucht lange Zeit und ständige Übung. Ein Teil der Übungen sind physischer Art, doch der größere und wichtigste Teil derselben sind mentaler Art. Die vier ersten Yogastufen die eigentlich nur der Vorbereitung. Die fünfte Stufe leitet bereits zum Raja-Yoga über, während die Stufen 6 bis 8 den Kern des Yoga, nämlich die Konzentration, Meditation und Kontemplation, darstellen und direkt zur Erlösung hinführen.

Es ist selbstverständlich, dass eine richtige Konzentration und Meditation erst dann zustande kommen können, wenn die Aufmerksamkeit durch die Sinneswahrnehmungen nicht mehr abgelenkt wird, sondern die Sinne eingezogen werden. Die fünfte Yogastufe, Pratyahara genannt, besteht daher in dem Zurückziehen der Sinne von den Sinnesobjekten. Das Pratyahara ist die willkürliche Beherrschung der Sinneswahrnehmungen, und zwar sowohl in der Unterdrückung der tatsächlichen Wahrnehmungen wie in der willkürlichen Hervorrufung von beliebigen Vorstellungen. Von

dem Zurückziehen der Sinne heißt es im „Gheranda-Samhita" (IV,2-7):
„Wohin auch immer der bewegliche, unbeständige Geist abschweift, man
lenke ihn von dort ab und bringe ihn unter die eigene Botmäßigkeit. Wohin
auch immer der Blick sich richtet, dorthin eilt auch der Geist; daher ziehe
man ihn zurück und bringe ihn unter die eigene Botmäßigkeit.
Hervortretendes oder Verdunkeltes, lieblich Anzuhörendes oder
Furchtbereitendes – man lenke den Geist davon ab und bringe ihn unter die
eigene Botmäßigkeit. Was kalt oder warm ist, wenn man es berührt, man
ziehe den Geist davon ab und bringe ihn unter die eigene Botmäßigkeit. An
welchen Düften der Geist hängt, sei es an wohlriechenden oder
übelriechenden, man ziehe ihn davon zurück und bringe ihn unter die
eigene Botmäßigkeit. Und wenn der Geist sich irgendeinem Schmecken
zuwendet, sei es von Süßem oder Saurem, so ziehe man ihn davon zurück
und bringe ihn unter die eigene Botmäßigkeit". Der Mensch ziehe sich also
in sich selbst zurück, er achte nicht mehr auf das, was um ihn vorgeht, er
beschränke sich auf sein geistiges, bewusstes Innenleben. Das Pratyahara
ist eine Kongruenz des Pranayama und den vorhergehenden Stufen, und
alle diese fünf zusammengenommen bilden wieder den Anfang zum
Dharana. Die drei letzten Kettenglieder der Yoga, die zum höchsten Ziel,
der beglückenden Bewusstlosigkeit, hinführen, fasst Patanjali zu einer
Einheit „Samyama" zusammen, die als „Selbstbezwingung", „Selbstlosig-
keit", „Ausschaltung des Ich" bezeichnet werden kann.
Die sechste Yogastufe wird Dharana genannt. Patanjali erklärt Dharana als
die Bindung des Bewusstseins an einen Ort, und dies bildet die erste Stufe
der drei inneren Yogavorgänge. Hatten die früheren Übungen den Zweck,
zuerst den Körper zu reinigen und dann nach und nach das Ich vom
Körperbewusstsein abzulösen, so verfolgt Dharana den Zweck, das
Denkorgan zu binden, was durch Fixieren der Aufmerksamkeit auf einen
bestimmten Punkt geschieht. Die ganze Aufmerksamkeit des Yogi wird auf
einen Punkt gezogen, dessen Lage an sich von untergeordneter Bedeutung
ist. Es handelt sich hier von einem Fixieren verschiedener Stellen des
Körpers, von einem Fixieren der Nasenspitze, des Nabels, der
Zungenspitze, des Lichtes innerhalb des Kopfes, und schließlich des Herz-
Chakras. Das Denken wird auf ganz bestimmte Vorstellungskomplexe
fixiert, und zwar auf gewisse Farben, Formen, Buchstaben bzw.
Lautsymbole und Gottheiten. Es werden bestimmte Buchstaben des
Sanskritalphabetes bzw. Laute und bestimmte Gottheiten als Symbole für
die einzelnen Chakras angegeben, auf die man sich unter Atemanhalten

konzentriert. Diese Tatsache erweist deutlich den Charakter der Chakras als Vorstellungsbilder, an die sich die imaginative Verarbeitung des Yogi heftet. Jedem Blatt der Lotusblume ist ein Buchstabe zugeteilt, und diese Buchstaben werden in Form von mystischen Silben gemurmelt. Durch ihre Monotonie wirkt diese Rezitation in hohem Maße schlaferzeugend. Die gleiche monotone Rhythmik findet sich u. a. auch in den Litaneien der katholischen Kirche wieder.

Dhyana ist die siebente Yogastufe und bezweckt die Meditation und Kontemplation dessen, auf das durch Dharana das Denkorgan fixiert wurde. Die Trennung zwischen Dharana und Dhyana ist mehr begrifflicher als psychologischer Art. In der Praxis ist diese Trennung sozusagen überhaupt nicht vorhanden, denn die Fixierung der Aufmerksamkeit auf einen Punkt geht ja unmittelbar über in eine Betrachtung dieses Punktes, wenn die Aufmerksamkeit nicht gleich wieder abirren soll. Der enge Zusammenhang von Dharana und Dhyana zeigt sich auch in den Yogatexten, so z. B. im Yoga-Sutra u. a. Bei der Meditation spielt von jeher die uralte heilige Silbe AUM die größte Rolle. Die heilige Silbe AUM, die übrigens OM geschrieben und etwa wie „OUM" ausgesprochen wird, gilt als eines der größten Yogageheimnisse. Der Grund, dass diese mystische Silbe zu so großer Bedeutung gelangte, ist wohl darin zu suchen, dass sie eben durch ihre Unbestimmtheit, durch das Fehlen eines bestimmten, einzelnen, damit verknüpften Wortsinnes, am besten geeignet schien, als Symbol für Brahman zu dienen. In einer der jüngsten Upanishaden (Maitr. Up. vi, 22) heißt es: „Dies Brahmanwort AUM ist der Weg, ist das Unsterbliche, ist die Vereinigung und die Seligkeit. Nämlich gleichwie eine Spinne, an ihrem Faden emporklimmend, aus einem Loch ins Freie gelangt, so gelangt fürwahr der Meditierende durch den Laut AUM emporsteigend zur Freiheit". Wenn die Vorstellung derart auf einen Punkt gerichtet ist, dass das Bewusstsein des Gesondertseins von diesem Punkt aufhört und der Seher und das Gesehene eins werden, dann ist der Zustand des Samadhi erreicht. Nicht allein die AUM-Meditation vermag zum Samadhi zu führen, sondern auch die Versenkung in den sogenannten „Nada", einen im eigenen Inneren ertönenden mystischen Laut (=Tantra). Wenn das Klingen des „Nada", in den sich das Bewusstsein versenkt hat, aufhört, wenn das Bewusstsein völlig untätig geworden ist, tritt Samadhi ein, d. i. der Zustand der Versenkung. Das Ziel der Yoga ist erreicht. Samadhi stellt den Gipfelpunkt des Yoga dar. Die Versenkung ist das völlige Aufgehen in dem, was man meditiert, bis zum Auslöschen der eigenen Person. Patanjali sagt:

„Die Meditation, die nur mehr den betrachteten Gegenstand spiegelt und in der sich nichts mehr findet von der Natur des Betrachters, heißt Versenkung". Dieser höchste Zustand der Yoga wird im Lehrgedicht Bhagavad-Gita (VI, 11 f.) folgendermaßen geschildert: „An einem reinen Orte festen Sitz sich selber auserwählend, dann Nicht allzuhoch, zu niedrig nicht, mit Fell und Kusa-Gras bedeckt, auf eins nur richtend sein Gemüt, Gedanken zähmend, Sinn und Werk. Dort sitzend üb´ Vertiefung er zu seiner eigenen Peinigung. Und so den Leib, den Kopf, den Hals dort unbeweglich tragend fest, auf seine Nasenspitze schauend, nach Osten nicht sich sehend um, mit ruhigem Geist und ohne Furcht im Brahmakultgelübde fest, das Herz bezähmend, mein gedenk, sitz´ er vertieft, in mich gesenkt. So übend der Vertiefte stets sich mit gebändigtem Gemüt, zu in Auslösung gipfelnder Ruh kommt er, die in mir besteht. Wenn den gezähmten Gedanken er richtet auf sich selbst allein, unangereizt von jeder Gier, dann wird „Vertiefter" er genannt." Der Zustand der Versenkung weist Unterabteilungen auf, von denen die hauptsächlichsten „Samprajnata", d. h. bewusstes Samadhi, und „Asamprajnata Samadhi", d. h. ein solches unter Aufhören des Bewusstseins, sind. Es ist begreiflich, dass durch das Aufgeben der Individualität infolge systematischer Yogaübungen ein selbstinduzierter somnambuler Zustand eintritt. Da das Ziel dieser Übungen die Vereinigung mit dem Allgeist ist, so wird ohne weiteres verständlich, dass dieser auf autosuggestivem Wege erreichte Trancezustand von unaussprechlichen Glücksgefühl begleitet ist. Dieser mühsam erreichte Zustand der Versenkung ist völlige Bewusstlosigkeit, denn im Samadhi sind alle Sinneswahrnehmungen unterbrochen. Fühlen, Denken, Wollen und Handeln sind erloschen, von der menschlichen Persönlichkeit ist alles weggeräumt. Dieser Zustand der Bewusstlosigkeit ist für den Inder das Vorgefühl der künftigen Erlösung und des Schicksals nach dem Tode. Die endgültige Erlösung kann natürlich nur erfolgen, wenn sich das Ich ein für alle Mal von der Welt losgelöst hat, aus ihr endgültig herausgetreten ist, um überhaupt nie mehr Bewusstsein anzunehmen, sondern für immer im Meere des göttlichen Brahman unterzutauchen. Der Endzweck der Yogaübungen ist die Loslösung des Körpers vom Ich, oder genauer gesagt vom Körperbewusstsein. Diese Loslösung des Körpers vom Ich wird durch eine Objektivierung der Organempfindungen erreicht, wozu Hatha-Yoga eine ins Einzelne gehende Technik liefert. Die komplizierten Posituren und Bewegungen der Yogaübungen erzeugen alle möglichen Empfindungen der Gelenke, Muskeln und der inneren Organe. Diese Empfindungen werden ins Bewusstsein gezwungen und unter dem Einfluss der im Vordergrund des Interesses stehenden Regulierung des Atems einer systematischen, konzentrierten Beachtung ausgesetzt. Die Organempfindungen, die normalerweise unbewusst verlaufen, werden durch lebhafte Vorstellung in bewusstes Dasein gerufen. Hierzu genügt eine konzentrierte Aufmerksamkeit allein nicht, es ist dazu vorher die Kenntnis davon erforderlich, was vorgestellt, und vor allem, wo es im Leibesinneren lokalisiert vorgestellt werden muss. Das so phantastische Bild des Leibesinneren, für das kein Äquivalent in den tatsächlichen anatomischen Verhältnissen gesucht werden darf, erfüllt diesen Zweck. Chakras, Nadis, Kundalini usw. sind lediglich als Vorstellungsbilder für die Konzentration anzusehen. Die Begründer des Yoga hätten eine der Wirklichkeit näherkommende Darstellung des Leibesinneren zweifellos geben können, falls sie dies gewollt hätten. Der Zweck, den sie verfolgten, wird gerade nur durch dieses wirklichkeitsfremde Bild erreicht. Die möglichen Organempfindungen ordnen sich einem bloß schematischen Bild des Leibesinneren viel leichter zu als einer der Wirklichkeit genau entsprechenden Vorstellung des anatomischen Baues. Die objektivierten Inhalte der Organempfindungen werden aufgenommen wie die Inhalte der höheren Sinnesempfindungen. Dadurch schwindet das unmittelbare Bewusstsein der Verbundenheit mit dem physischen Leib; er wird Objekt unter anderen Objekten, sobald er für das Bewusstsein in die Entfernung gerückt wird. Infolge der immer wiederholten Durchführung dieser Übungen vollzieht sich beim Yogi von selbst die Ablösung vom Körper, der seine Bedeutung im Psychischen verloren hat. Körperbewusstsein und Ichbewusstsein sind nicht identisch. Körperbewusstsein ist bloß eine Funktion des Ich, es kann daher Gegenstand der Apperzeption werden. In ekstatischen Zuständen tritt stets eine mehr oder weniger weitgehende Isolierung des Ich vom Körperbewusstsein ein. Bei diesem oftmals ziemlich weitgehenden Verlust des Körperbewusstseins ist, das Ichbewusstsein nicht notwendigerweise völlig aufgehoben.

Das Abnorme, das Krankhafte, lässt sich im Yoga unmöglich übersehen. Wir finden hier den starren Blick, die starre Haltung, kurz eine regelrechte Hypnose. Die anhaltenden Atemhemmungen bedingen leichte Vergiftungszustände und führen zur Berauschung. Ehe sich die erlösende Versenkung einstellt, treten ganz regelmäßig Sinnestäuschungen und Schweißausbrüche auf; Betäubungszustände werden bemerkt und schließlich schwindet das Bewusstsein auf eine Art, die keineswegs normal ist.

Bei der richtigen Aussprache der mystischen Silbe AUM muss das M eine Zeit lang nachklingen. Dieser Nachhall ist ein außerordentlich geeigneter Ansatzpunkt für Erscheinungen von Gehörstäuschung. In einer späteren kleinen Upanishad findet sich z. B. eine förmliche Lehre von den zehn Arten von Klängen, die der Yogi in seinem Versenkungszustand nach dem Verklingen der heiligen Silbe zu hören glaubt und die dann auch gleich noch zehn anderen Anzeichen körperlicher und nervöser Überreizung entsprechen sollen. Wenn die normalen psychischen Funktionen ausgeschaltet sind, so bleibt vor allem das übrig, was man summarisch als Unterbewusstsein bezeichnet. Und dies Unterbewusstsein bleibt nicht nur übrig, sondern es ist gerade die Quelle, aus der jene mystischen Erlebnisse und Zustände herstammen. „Ich möchte daher eindringlich warnen", schreibt Prof. Staudenmaier in seiner „Magie als experimentelle Naturwissenschaft", „der „inneren" Erfahrung, den „inneren" Eingebungen und Stimmen allzu großes Vertrauen zu schenken, weil es sich bei ihnen jedenfalls meistens nur um subjektive Äußerungen ihres Unterbewusstseins handelt". Auch die katholische Kirche, wie auch viele Mystiker warnen nachdrücklich davor, den in Visionen erscheinenden Gestalten und Stimmen allzu sehr zu vertrauen. Für Ramakrishna, wohl der bedeutendste Yogi der neueren Zeit, ist es z. B. charakteristisch, dass seine Samadhi-Zustände nach Art und Inhalt starke Verschiedenheiten aufweisen, was mit seiner wechselnden religiösen und geistigen Einstellung zusammenhängt, die sich wieder im Laufe seiner gesamten Entwicklung änderte.

„Mit welchem Recht", fragt Swami Vivekananda, „behauptet ein Mensch, eine Seele zu haben, wenn er sie nicht fühlt, oder dass es einen Gott gibt, wenn er ihn nicht sieht? Wenn es einen Gott gibt, müssen wir ihn sehen, wenn es eine Seele gibt, müssen wir sie wahrnehmen. Yoga ist die Wissenschaft, welche uns diese Wahrnehmung ermöglicht". Der Yoga ist eine besondere Art psychischer Schulungsmethode. Nur steht er hierin keineswegs allein da. Es gibt eine Reihe anderer Systeme, die sowohl ihrem Wesen wie auch der Zielsetzung nach ihm gleich sind. Das unmittelbare Erleben der Einheit des innersten Ich mit dem Urgrund alles Seins ist das Ziel jeglicher Mystik. Yoga und Mystik haben dasselbe Ziel. Der Mystiker muss, gleichwie der Yogi, von außen nach innen fortschreitend, die Inhalte seines Bewusstseins fesseln. Er muss die gewohnte Tätigkeit seines Ich geradezu umkehren; er darf nicht mehr wie früher seine Aufmerksamkeit auf die Welt richten, sondern er muss sie umgekehrt auf sein eigenes Ich konzentrieren. Diesen Prozessus, der sowohl für den indischen Yogi wie für den abendländischen Mystiker derselbe ist, erläutert eine der jüngeren Upanishaden in den beiden folgenden Strophen:

„Die Toren laufen nach den Lüsten draußen
Und gehn ins Netz des ausgespannten Todes.
Doch Weise, wissend, was unsterblich, werden
Im Wechsel dort das Bleibende nicht suchen.
Nach auswärts bohrte Gott der Sinne Tore,
Darum sieht man nach außen, nicht nach innen.
Ein Weiser nur, der Ew´ges sucht, versenket
Den Blick in sich und schaut das Ich im Inneren."

Der Unterschied zwischen dem christlichen Mystiker und dem indischen Yogi liegt nur in der Methode. Da nach kirchlicher Lehre das Streben nach der Vereinigung mit dem Göttlichen menschlicher Wahnwitz ist, lehnt die reine Mystik bewusst jedes planmäßige Vorgehen in diesem ab, und erwartet vielmehr alles von der Gnade, kann aber doch nicht umhin, ein bestimmtes Verhalten als würdige Vorbereitung zu deren Empfang zu empfehlen, was eben doch wieder auf eine Methode, wenn auch nur in allgemeinen Umrissen, hinauskommt. Die geistigen Exerzitien der Jesuiten und die mannigfachen mystischen Gebetsanweisungen der Benediktiner weisen jedoch in mancher Beziehung eine unverkennbare Ähnlichkeit mit gewissen Yogaübungen auf. Wenn das eigentliche Ziel dieser Meditation ein möglichst inniges Erleben der Passion ist, was bei einzelnen prädisponierten Personen zu Stigmatisierungen führt, so ist das Wesentliche an diesen Vorgängen doch die Einengung des Bewusstseins auf einen bestimmten Punkt, die Schaffung eines Monoideismus, genau so wie dies im Samadhi-Zustand des Yogi der Fall ist. Wer über die Dinge dieser Welt erhaben ist, der muss auch Macht über sie haben. Wer sich vom Körper innerlich befreit hat, der muss auch durch seinen Willen die Körper beherrschen und Wunder wirken können. Das Wunderwirken war von jeher ein Vorrecht der Heiligen. Mit zunehmender Herrschaft über das Stoffliche soll der Yogi auch wunderbare Kräfte und Fähigkeiten erlangen. Was die Zahl dieser Zauberkräfte anbelangt, so ist diese nicht gerade klein zu nennen; ihre Aufzählung im Yoga-Sutra reicht von III, 16 bis IV, 6. Die hauptsächlichsten davon sind: 1. Die Befreiung vom Rad der Wiedergeburten und die Erkenntnis der früheren Leben; 2. die Kenntnis des Citta (Denkorgans) anderer Menschen, des Lebensendes des Weltalls; 3. das himmlische Gehör; 4. die Oberherrschaft über alles Sein; die

Beherrschung aller Naturgesetze; alles vom eigenen Willen abhängig machen; 5. Allwissenheit; 6. die Fähigkeit, sich unsichtbar zu machen; 7. die Fähigkeit, jede Gestalt annehmen und in einen fremden Leib eingehen zu können; 8. die Fähigkeit, überall hingelangen und im Luftraum gehen zu können; 9. die Fähigkeit der willkürlichen Gewichts- und Größenveränderung. 10. vollkommene Herrschaft über den eigenen Körper; 11. willkürliche Aussendung des Fluidalkörpers, Doppelgängerei usw. usw. Wie weit die durch Yogaübungen erlangten Fähigkeiten in Wirklichkeit mit den in den Yogaschriften gemachten Schilderungen übereinstimmen, müssen wir dahingestellt sein lassen. Wenn wir fragen, was denn die Yogalehrer selbst, etwa Patanjali, der Verfasser des wichtigsten Yogalehrbuches, über die Zauberkräfte der Yogis aussagen, so finden wir, dass dieser eigentlich fast gar keine Leistungen nennt, die man sich durch wirklichen Zauber erklären könnte, sondern die wunderbaren Vorgänge, von denen er spricht, spielen sich entweder überhaupt nur im Inneren des Yogis ab oder lassen sich doch aufs leichteste durch das Hinausversetzen seiner inneren Erlebnisse in die Außenwelt erklären. Der richtige Yogi misst diesen Zauberkräften nicht nur keine Bedeutung bei, sondern er betrachtet diese sogar als störend, weil sie ihn aus der für seine Übungen nötigen Sammlung bringen. Das eigentliche Ziel des wahren Yogi ist die Erlösung durch Vereinigung des Ich mit dem Allgeist. Dass diesen wunderbaren Fähigkeiten kein allzu großer Wert beigemessen wurde, geht des ferneren daraus hervor, dass das Yoga-Sutra (IV, 1) sagt, sie könnten auch durch Wunderkräuter und Zaubersprüche erlangt werden. Da die Yogaübungen abnorme Bewusstseinszustände herbeiführen, so sind die vermeintlichen wunderbaren Fähigkeiten der Yogis sicherlich zum Teil auf derartige krankhafte Erlebnisse zurückzuführen. Die Persönlichkeitsspaltungen, das Fliegen in der Luft, das Eingehen in diesen oder jenen Menschen und dergl. sind lauter Erscheinungen, die uns aus der Psycho-Pathologie, der Lehre der Seelenstörungen, hinlänglich bekannt sind. Namentlich in theosophischen Kreisen wird der Yoga ungemein überschätzt und man glaubt, dass der Inder durch den Yoga sich Erkenntnisse mehr als menschlicher Art, rein geistige Wahrnehmungen einer höheren Ordnung, verschaffen könne. In Wirklichkeit sind diese Erlebnisse nur Vorgänge einer uns recht geläufigen Art aus dem Gebiete krankhafter Seelenstörungen. Wie die übernatürlichen Erkenntnisse sich in Wahrheiten äußern müssten, die von Menschen sonst nicht erkannt werden und ihnen dabei doch mit unwiderstehlicher Überzeugungskraft einleuchten, so müssten sich schließlich auch übernatürliche Kräfte in übernatürlichen Leistungen äußern, die auch ihrer Größe nach einigermaßen greifbar oder doch aufzeigbar wären. Das ist aber bisher noch nicht der Fall gewesen. Man muss daher füglich annehmen, dass diese Yogakräfte doch wohl nicht von jener entschiedenen, jedem Zweifel entrückten Art sind, die von ihren Verherrlichern für sie in Anspruch genommen werden.

Dass der Yogi Zustände der tiefsten Geistesabwesenheit erlebt, dass daher bei ihm auch Zustände höchster Empfindungslosigkeit vorkommen mögen, steht fest; ebenso dass sein Wille planmäßig dazu erzogen wird, seinen Körper zu beherrschen, sich auch die unwillkürlichen Vorgänge des Lebens zu unterwerfen. Was demnach in dieses Gebiet gehört, das kann ohne weiteres als wirklich und tatsächlich begründet zugegeben und angenommen werden. Diese Art Yogakunst wird noch heutigentags von indischen Fakiren praktisch geübt und bis zu einer Virtuosität getrieben, dass man glauben könnte, das eigentliche und alleinige Ziel des Yoga bestehe in der rein äußeren Herrschaft über den Körper und seine Notdürfte. Wie weit reicht die durch planmäßige Yogaübungen erlangte Körperbeherrschung und welchen Wert hat diese für das praktische Leben? Diese Frage beantwortet sich am besten durch Hinweis auf die Schicksale moderner Yogis. Ramakrishna, eine der bedeutendsten Gestalten der jüngsten indischen Religionsgeschichte, hatte jahrelang neben Karma- und vor allem Bhakti-Yoga auch Raja- und teilweise Hatha- Yoga ausgeübt und starb nach langem Leiden an Kehlkopfkrebs. Bei der großen Häufigkeit seiner Trancezustände, von denen sein Biograph F. M. Müller zu berichten weiß, ist es nicht ausgeschlossen, dass Ramakrishna zeitlebens an epileptischen oder epileptoiden Anfällen litt. Sein Schüler, Swami Vivekananda, der auch Yoga betrieb, litt lange Jahre hindurch an Diabetes und starb relativ jung an dieser Krankheit. Weiterhin ist bekannt, dass H. P. Blavatsky trotz andauernder Yogaübungen lange Jahre an mancherlei Gebrechen litt. Eine andere Yogaschülerin, die Theosophin Anna Kingsford, verfiel körperlich immer mehr. W. Q. Judge starb an Schwindsucht. Dass die Yogaübungen nicht ohne körperliche und seelische Gefahren sind, betonen alle Yogalehrbücher. Im „Hathayogapradipika" heißt es: „Der Atem muss langsam und stufenweise bemeistert werden, geradeso wie Tiger, Bären und andere wilde Tiere gezähmt werden, weil sonst der übereifrige Schüler sicherlich zu Schaden kommt. Richtiges Pranayama heilt alle Krankheiten, unrichtiges ruft sie hervor". Die Yogalehrbücher warnen daher eindringlich davor, die Übungen ohne

Unterweisung und Aufsicht eines erfahrenen Lehrers durchzuführen. Aber selbst unter der Führung eines Lehrers scheinen diese Exerzitien mit gesundheitlichen Schädigungen verbunden zu sein. Zufolge gewisser Enthüllungen, die vor einigen Jahren bekanntgeworden sind, waren einige Schüler des Dr. Rudolf Steiner, die im sogenannten „inneren Kreis" der Anthroposophischen Gesellschaft unter seiner Leitung in intensiver Weise Yogaübungen betrieben, in der Folge geistig erkrankt und mussten in einer Irrenanstalt Aufnahme finden.

Yoga ist der Weg der Selbstverwirklichung. Wer diesen Weg gehen will, muss seine Seele selbst in die Hand nehmen. Doch was wissen wir von unserem eigenen Selbst? Unser bewusstes Ich ist nur ein kleiner Ausschnitt unserer größtenteils unbewussten Individualität. An dieser Selbstverwirklichung werden wir durch die mannigfachen Hemmungen und Gegenkräfte unseres Unbewussten gehindert, denn im Gegensatz zum Inder fürchtet der Europäer sein Unbewusstes. Es fällt ihm schwer, die gewöhnlichen Bewusstseinsinhalte zum Schweigen zu bringen, damit das Unbewusste auftauche. Wir fürchten die „Stimme der Stille", uns graut vor dem „Hüter der Schwelle!"

4. Die Entsagung.
(Vaira'gyrashataka.)
Jajeacharya Shri Gulal Chand.

1. In diesem flüchtigen Leben voll Sorge und Ungemach verleiht nur die Tugend allein wahres Glück. Die Seele erkennt es, aber dennoch vollbringt sie die vorgeschriebenen guten Werke nicht.

2. Viele denken, dass sie heute, morgen, übermorgen oder vielleicht nach einem Jahre durch Anhäufung ihres Reichtums glücklich sein werden; aber sie bedenken nicht dabei, dass ihr Leben Tag für Tag dahinschwindet, so wie mit der Hand geschöpftes Wasser tropfenweise verloren wird.

3. Vollbringe schon heute alle guten Taten, die du morgen vollbringen willst und zögere nicht. Da du sieht, wie viele Hindernisse dir im Wege stehen, so ist ein Aufschub nicht wünschenswert.

4. Siehe die wechselvolle Natur dieser Welt. Was diejenigen, welche mit uns enge verbunden sind (unsere Sinne) am Morgen wahrnehmen, hat sich schon am Abend bedeutend verändert.

5. Schlafe nicht, sondern wache! Denke daran, dass drei Feinde dich verfolgen, nämlich: Krankheit, Alter und Tod. Wie könntest du die Ruhe genießen, da du doch sicher bist, dass du nicht bleiben kannst.

6. Das Rad der Zeit, welches den Tag und die Nacht trägt, wird von zwei Stieren, der Sonne und dem Mond, fortbewegt. Es gießt das Wasser des Lebens aus dem Quellbrunn des Daseins aus.

7. Es gibt keine Kunst, keine Medizin, keine Wissenschaft, welche dieses Leben vor dem Bisse der Schlange des Todes bewahren kann.

8. Die Zeit ist eine Biene, welche fortwährend Honig aus dem lotusähnlichen Körper saugt, welcher in den Wassern dieser Welt (im Lebensozean) schwimmt.

9. Der Tod folgt dem Menschen wie ein Schatten und verfolgt ihn wie ein Feind. Übe dich deshalb in guten Taten, damit du nachher Segen einerntest.

10. Die Seele erduldet vielerlei Ungemach, die Folge von Karma (Handlungen) in vorhergehenden Geburten.

11. Vater, Mutter, Sohn, Weib und andere Verwandte kehren alle vom Bestattungsorte zurück, nachdem sie dem Dahingeschiedenen eine Handvoll Wasser geweiht (hatten).

12. Deine Söhne, deine Freunde, dein harterrungenes Geld, sie werden alle zurückbleiben; nur deine Tugend begleitet dich.

13. Dies Leben ist im Netze des Karma verwickelt, eingesperrt in dem Kerkerhaus dieser Welt. Es sucht die Region des Paradieses.

14. Verbindungen mit Verwandten, sinnliche Freuden und die Gesellschaft von Freunden sind alle ebenso vergänglich wie Wassertropfen auf der Lotusblume.

15. Wo ist deine Kraft hingekommen? Wohin ging deine Jugend und Schönheit? O sie waren alle vergänglich und sie schwanden vor meinen Augen dahin!

16. Infolge der Wirkung des Kanna lebte die Seele in dem dunklen, unreinen Abflusse des Grundes, aus dem sie entsprang, unzählige Male.

17. Das Leben ist der Krankheit und dem Tode unterworfen; es zappelt wie ein Fisch auf trockenem Grund. Man sieht es, aber niemand kommt ihm zu Hilfe.

18. Die Seele (Persönlichkeit) ist in dieser Welt unzähligen Veränderungen unterworfen. Infolge der Wirkung des Kannas wird eine Gattin die Mutter in ihrem nächsten Dasein, der Vater ein Sohn usf.

19. Es gibt keine Kaste, keinen Geburtsadel, keine Familie und keinen Ort, von welchen das Leben nicht in zahllosen Erscheinungen aufgetaucht und untergegangen ist

20. Der häufige Genuss von irdischem Wohlstand ist die Ursache eurer Leiden. Es ist zu bedauern, dass ihr nicht versucht habt, zur Selbsterkenntnis zu gelangen.

21. „Lebe in dieser Welt, aber sei nicht von dieser Welt." Dies ist die Vorschrift, welche die alten Weisen geben. Es ist das einzige Mittel, euch von dieser Welt zu befreien.

22. Sei überzeugt, dass niemand in dieser Welt dir etwas (wesentlich) Gutes tun oder dir einen (wirklichen) Schaden zufügen kann. Du selbst erntest die Früchte deines Karma, seien sie gut oder böse; so wie Kinder, welche Hunger haben, zufrieden sind, wenn sie zu essen bekommen.

23. Der Körper ist vergänglich und sterblich; aber das unsterbliche Selbst ist unvergänglich und von beständiger Dauer. Es ist mit dem Körper nur durch die Kette des Karma verbunden und sollte dem Körper nicht untertan sein.

24. Solange du die Verbindungen, welche zwischen dir und deiner Familie existieren, nicht kennst, und die Bestimmung deiner Verwandten, wenn sie sich von dir trennen, nicht weißt, solange kannst du dich auch auf diese Verbindungen nicht verlassen.

25. Die Dinge verändern sich wie die Abendwolken am Firmament; Körper

verschwinden wie Seifenblasen; die Atome trennen sich wie ein Vogelschwarm am Morgen, das Selbst allein bleibt was es ist.

26. Man kann die Tugend nur ausüben, solange die Sinne noch kräftig sind, die Zeichen der Altersschwäche sich noch nicht eingestellt haben, Krankheit den Körper noch nicht zerrüttet und der Tod ihn noch nicht erreicht hat.

27. Die Ausübung von guten Werken bis zuletzt aufzuschieben, ist gerade so, als wollte man einen Brunnen erst dann graben, wenn bereits das Haus in Flammen steht.

28. Die Zahl der Umgestaltungen unserer Seele ist größer als die der Wassertropfen im Ozean und der Sandkörner in den Bergen. Die Wasser unzähliger Meere wie Lavana Samudra, und die Körner unzähliger Berge wie Meru werden viel geringer sein, als die Wandlungen eurer Seele.

29. Euer Reichtum ist gleich den Ohren des Elefanten, die nie aufhören sich zu bewegen; eure sinnlichen Freuden sind wie die Farben des Regenbogens, welche plötzlich verschwinden; eure Jugend und Schönheit sind wie ein Blitzstrahl, der sogleich wieder verschwindet.

30. Eure Seele hat unzählige Wandlungen (Verkörperung in Formen) und die Leiden, welche dem Karma entsprangen, erfahren.

31. Der Tod verfolgt den Menschen, wie der Tag und die Dämmerung die Nacht. So wie die verschwundene Zeit nicht zurückgebracht werden kann, so kann eine verlorengegangene Gelegenheit nicht wieder gewonnen werden.

32. Wenn du aus Nachlässigkeit deinen Mitgeschöpfen nichts Gutes erweisest, so bist du dein eigener Feind und fällst dem Ungemach dieser Welt zum Opfer.

33. Wem der Tod als ein Freund erscheint, oder wer Kraft genug hat, um ihn zu vermeiden, der allein kann sich Zeit lassen, das Gute, welches er beabsichtigt, auszuführen.

34. Die hilflose Seele muss die Familie und alle ihre Schätze zurücklassen; sie wird vom Körper getrennt, wie Blüten vom Baume heruntergeweht (werden).

35. Eure Seele, die von einer Sphäre zur andern wandert, hat unzählige Male ihren Wohnsitz in Bergen, Tälern, Meeren, Höhlen, Bäumen und zahllosen anderen Orten genommen.

36. Der Tod nimmt den Menschen hinweg wie ein Löwe, der ein Reh von der Herde fortträgt, ohne dass es die anderen bemerken.

37. Das Leben verlässt den Körper so wie das Wasser aus einem

zerbrochenen Gefäße läuft; der Glanz flieht wie die Wellen des Ozeans und die Anhänglichkeit von Freunden und Verwandten verschwindet wie ein Traum.

38. Als ein Deva oder Devi (Gott), als Mensch oder Tier, reich oder arm, gelehrt oder unwissend, frei oder gebunden, bist du den schwersten Prüfungen unterworfen worden.

39. Dir wurde das Ungemach der Welt zu teil, durch die Wirkung des Karma in dieser Welt, wo die Wasser unzähliger Meere deinen Durst (nach Unsterblichkeit) nicht stillen und die Esswaren der ganzen Welt deinen Hunger (nach Selbsterkenntnis) nicht sättigen können.

40. Dein Leben in deiner jetzigen Existenz wird plötzlich dahinschwinden wie ein Blitz, und du wirst wieder in der Dunkelheit sein, unfähig, irgendetwas zu sehen oder zu tun.

41. Dein Dasein in dieser Welt ist wie ein Tautropfen auf einem Grashalme, deshalb innerer Meister, zögere nicht!

42. Durch Zuneigung geblendet und durch Ungerechtigkeit hart geworden, fehlt dir die Erkenntnis der Wahrheit, so wie dem Blinden das Sehen, um die Kleinodien der Wahrheit, welche in ihm scheinen, zu würdigen.

43. Nur das Schiff der Tugend und Rechtschaffenheit allein kann dich zum Ufer des Meeres dieser Welt bringen, und wenn du es überschritten hast, so wirst du die Seligkeit des Paradieses genießen.

44. In meiner Erbärmlichkeit habe ich weder den Armen etwas von meinem Verdienste gegeben, noch ein enthaltsames Leben geführt; auch habe ich keine Selbstbeherrschung geübt und kein Gebet (Erhebung der Seele) verrichtet.

45. Mein inneres „Ich" brannte im Feuer des Zornes, wurde durch Habsucht vergiftet, durch Hochmut zerrissen und durch Lüge beschmutzt.

46. O mein Herr! Ich habe nichts wirklich Gutes für die Menschheit getan; meine ganze Gelehrsamkeit wurde zum Zwecke des Argumentierens aufgebraucht, mein Predigen diente nur dazu, anderen die Zeit zu vertreiben, und meine Scheinheiligkeit war ein Betrug.

47. Ich beschmutzte meine Zunge, indem ich die Unwahrheit sprach, machte meine Augen schamlos, indem ich die Fehler anderer betrachtete, und ich machte mein Herz unrein, indem ich gegen andere böswillig war.

48. Mein Körper ist durch das Alter geschwächt; nicht aber meine Leidenschaften. Auch konnten meine Sinne in meiner Jugend keine Befriedigung finden und mein Verlangen nach irdischen Dingen hatte kein Ende.

49. Selbst so lange ich im Lichte der Erkenntnis war, geschah nichts; das Leben flog dahin in Unzufriedenheit, und die Zeit ging verloren wie ein kostbarer Edelstein, der in das Meer geworfen wird.

50. Gerecht, edel, sanftmütig, gesellig, aufmerksam, selbstlos, menschenfreundlich, wohltätig, mitleidsvoll, unbegierig, gastfreundlich und vergebend sind die Eigenschaften eines guten Bürgers (der Welt).

51. Liebevoll, wohlwollend, voraussehend, mäßig, einsichtsvoll, ehrerbietig, tapfer und bescheiden zu sein, sind die Eigenschaften eines Hausbesitzers, der geistige Herr über den Körper.

52. Wie ein Frosch, der Insekten frisst, während er sich selbst in dem Rachen einer Schlange befindet, so fügt ihr beständig Unheil euren jüngeren Brüdern zu, während der Tod euch bedrängt, und denkt nicht daran, dass ihr selbst in einem Augenblicke später zermalmt sein werdet.

a. Die Insekten werden durch ihre Liebe zum Lichte von der Flamme angezogen, stürzen sich hinein und opfern ihr Leben im Feuer auf.

b. Die Bienen werden durch den Geruch der Lotusblume angezogen, sie saugen deren Honig, und wenn die Nacht kommt, so schließt der Kelch sie ein und sie verlieren ihr Leben.

c. Das Reh und die Schlange lieben die Musik. Sie werden durch die Flöte des Jägers verlockt und gefangen.

d. Vögel und Fische werden durch Köder angelockt und in den Netzen gefangen; sie folgen der Anziehung ihres Geschmacksinnes und fallen dem Jäger und Fischer zum Opfer.

e. Der Elefant läuft dem Weibchen nach, um seine Begierde zu befriedigen, und fällt in die Falle.

In ähnlicher Weise fällt der Mensch, der seine Sinneslust zu befriedigen trachtet, den Übeln dieser Welt zum Opfer, und opfert ihnen schließlich sein Leben auf.

53. Die Tugend wird verdorben durch Untätigkeit, Hass, Streitsucht, Zorn, Betrug, Hochmut, schlechte Gesellschaft und Nachlässigkeit.

54. Eitelkeit und Enttäuschung sollten dich nicht berühren, noch die Schmeichelei dich erheben oder Vorwurf dich niederdrücken. Durch die eine wirst du dasjenige verlieren, was du hast, und das letztere wird dich abhalten, zu erreichen, was du willst.

55. Besser ist es, weniger Gutes zu tun, aber mit Herzensreinheit, als mehr zu tun mit Eifersucht, Hochmut, Böswilligkeit und Betrug.

56. Ein kleines aber gutes und liebevolles Werk ist stets ebenso wertvoll, als ein reiner Edelstein, eine gute Arznei oder ein weiser Rat.

57. Die Geheimnisse, welche den Erfolg bezwecken, sollten nicht preisgegeben werden, denn ein Baum kann nicht gedeihen, wenn seine Wurzeln bloßgelegt sind.

58. Ehrlichkeit, Ausdauer, Ehrerbietigkeit, Fleiß und Geduld bringen dem Menschen Wohlstand, in diesem Leben sowohl als in dem nächsten.

59. Wer müßig bleibt und die goldene Gelegenheit, Gutes zu tun, versäumt, der ist wie ein Narr, welcher vor einem Wasserteiche steht und seinen Durst nicht löscht, einen Korb voll Delikatessen trägt und dabei hungert, oder in Armut lebt, wenn der Reichtum in seinem Hause ist.

60. Wer nicht bedenkt, was die Tugenden der vier Elemente sind, der ist nicht wahrhaftig; solche ehren diejenigen nicht, welche mehr Erfahrung haben als sie; fühlen die Pflichten nicht, die sie anderen schuldig sind, und gleich den Tieren sind sie nur da, um ihre Bäuche zu füllen.

61. Der Tod wartet darauf, dich zu verschlingen, wie ein Riese mit weit geöffnetem Mund. Siehe deshalb zu, dass du alle deine Pflichten ausübst und alle deine Versprechungen erfüllst, ehe er dir sich naht.

62. Wenn du nicht fähig bist, körperlichen Bußen dich zu unterziehen, Entbehrungen zu ertragen und dich in tiefe Betrachtungen zu versenken, so besteht der geeignete Weg, deine Seele aus den schweren Banden des Karma zu befreien, darin, dass du deine Begierden im Zaume hältst, deine zeitlichen Geschäfte leidenschaftslos besorgst, Gott über alles verehrst, und in dir selbst die ewige unwandelbare Wahrheit erkennst, im Gegensatze zu der Veränderlichkeit aller Erscheinungen in der Natur.

63. Das Gemüt ändert sich je nach der Art der Gegenstände, mit denen es in Berührung kommt, so wie ein an sich geruchloses Öl den Geruch der Blumen annimmt, welche hineingesteckt werden, oder wie ein Kristall oder ein Glas die Farbe, welche darunter angebracht ist, wiedergibt.

64. Lass deshalb dein Gemüt keine falschen Ideen beherbergen, dein Herz keine unlauteren Absichten bewegen; ergib dich nicht dem Müßiggang oder der Eitelkeit, sondern beschäftige dich stets mit dem Streben nach wahrer Erkenntnis, durch (innerliche) Ergebung in Gott, religiöse Übungen usf.

65. Vermeide folgendes:

1. Das Anhören von unreinen Gesprächen, 2. das Ansehen von erniedrigenden Vorgängen, 3. das Riechen von üblen Gerüchen, 4. das Essen (und Trinken) von nachteiligen Dingen, 5. die Berührung von unreinen Gegenständen.

Stehe ab von folgendem:

1. Du sollst nicht töten, 2. du sollst nicht lügen, 3. du sollst nicht stehlen, 4.

du sollst (in allen Dingen) nicht unmäßig sein, 5. du sollst nicht eines andern Besitztum begehren. Beherrsche dein Gemüt, deine Worte und deinen Körper, so dass durch sie nichts Böses geschieht. Sei frei von Zorn, Stolz, Betrug und Habsucht. Sei nicht müßig, selbstsüchtig, böswillig eitel und neidisch. Ergib dich keiner Übertreibung in Lustbarkeit, Vergnügen, Schmerz, Furcht, Sorge oder Hass.

66. Das Gemüt, die Sprache und den Körper zu beherrschen, damit ist nicht zu verstehen, dass man gedankenlos, stille und untätig sein solle, sowie ein Tier oder ein Baum, sondern dass man anstatt Böses zu denken, die Unwahrheit zu sprechen und anderen Böses zu tun, seine Fähigkeiten zu guten Gedanken, guten Worten und guten Taten verwenden solle.

67. Die Sinne, d. h. Gefühl, Geschmack, Geruch, Sehen und Hören zu beherrschen, damit ist nicht gemeint, dass man sinnlos wie die Erde, oder stumm und taub wie Taubstumme werden, oder das Bewusstsein verlieren solle, sondern dass die Sinne nicht durch unheilige Mittel befriedigt werden und wir nicht dem Einflusse derselben unterworfen sein sollen.

68. Wenn du nicht zu sehr an die Anziehungen der Dinge in dieser Welt gebunden bist, so kannst du vollkommen glücklich sein. Kümmere dich deshalb nicht viel um deren Besitz oder Verlust; denn sie sind nicht beständig. Verwickle dich nicht zu sehr in den Angelegenheiten dieses Lebens und nimm dir deine Verbindungen und Trennungen weniger zu Herzen; denn alle weltlichen Dinge sind vorübergehend und man kann sich auf sie nicht verlassen.

69. Nach unzähligen Geburten und Toden hast du die höchste Stufe des Tierreiches erlangt. Jetzt, nachdem du hinreichende Gelegenheit, Gutes zu tun, und tugendhaft (tauglich) zu werden erreicht hast, verschwende nicht deine Zeit und sinke nicht wieder herab in den dunklen und tiefen Abgrund des Leidens.

70. Als deine Seele durch die verschiedenen Sphären der Erscheinungswelt wanderte, nahm sie oft ihren Aufenthalt in Bergen, Tälern, Meeren, Höhlen, Bäumen und unzählbaren anderen Orten.

71. Deine Seele trat in verschiedenen symbolischen Gestalten auf, als Geist, Dämon, als Pflanze, Ameise, Fliege oder Fisch, als Reptil oder Hund, Pferd oder Affe, schön oder hässlich, je nach den Wirkungen ihres Karma.

72. Als ein Mensch war sie ein Fürst und ein Bettler, ein Gelehrter und Tor, ein Herr und ein Sklave, ein ehrlicher Mann und ein Lump und vieles

andere mehr

73. Während deiner Pilgerschaft (im Laufe der Evolution) wurdest du allerlei Arten von körperlicher und moralischer Zucht in diesem Schauspielhause der Welt unterworfen.

74. Aber alles Essbare in dieser Welt hat deinen Hunger (nach Erkenntnis) nicht gesättigt, und alle Wasser der zahlreichen Meere deinen Durst nicht gestillt.

75. Als ein Mensch hast du dich den Ufern des Ozeans dieses Lebens genähert, und wenn du darin wieder untergehst, so wirst du es betrauern, so wie ein Schütze, dessen Bogen brach, als der Pfeil daran war, nach seinem Ziele zu fliegen.

76. Immer und immer wieder von den scharfen Speeren der Krankheit und des Todes durchdrungen, hat deine Seele unzählige Geburten überstanden.

77. Da sie nicht durch die Erkenntnis der Wahrheit erleuchtet und nicht vom Wahrheitsgefühle durchdrungen war, so wanderte sie durch das Dickicht dieser Welt, wie der Wind, der sich frei im Raume (Akasa) bewegt.

78. Wehe denjenigen, welche, obgleich sie die dazu nötigen Eigenschaften besitzen, dennoch den Wert der Wahrheit zu erkennen unfähig sind.

79. Die Seele leidet von den bösen und leichtsinnigen Handlungen des Körpers, des Gemütes und der Sprache; deshalb sollten dieselben im Zaume gehalten und nur für dasjenige, was wirklich gut ist, angewandt werden.

80. Dein Kleben an Reichtum und Verbindungen mit Verwandten und deine Begierde nach Ruhm sind Hindernisse auf deinem Wege zur Erlösung, und deshalb unnütz für dich. Sie bringen dir Trübsal und Sorge.

81. Hilflos, infolge der Wirkungen ihres Karma, scheidet deine Seele vom Körper, so wie die Blüte eines Baumes durch einen Windstoß zur Erde fällt. Alle deine Schätze und deine Familie folgen dir nicht.

82. Gleich Wassertropfen sickert das Leben vom Körper hinweg; der Glanz dieser Welt geht dahin wie die Wogen des Meeres und was man „Liebe" nennt, verschwindet in einem Augenblick wie ein Traum.

83. In der Wildnis dieser Welt gibt es keinen Ausgang. Sie ist voll Schlingpflanzen, Gebüschen und Bäumen von verschiedenartigem Karma, verdunkelt durch die Leidenschaft, und auf sie fällt der Regen der Sünde beständig nieder.

84. Dein Leben ist wie ein Wasserstrahl, deinen Wohlstand begleitet das Missgeschick, deine Schönheit und dein Geschmack sind wie die

Abendwolken, und die Freuden, die aus deinen Verbindungen mit deiner Umgebung hervorgehen, wie ein Traum.

85. Dein Körper ist das Gefängnis, in dem deine Seele haust, in welchem du durch die Ketten des Karma gebunden bist, die nur durch Tatkraft und guten Willen gelöst werden können.

86. Deine Seele ist durch ihre Verbindung mit deinem Körper vielen Schlägen und Misshandlungen unterworfen, gleich dem Eisen, welches wegen des Feuers, welches es glühend macht, viele Streiche mit dem Hammer erhält.

87. Niemand liebt, sein Geld für ein Haus zu verwenden, das er nur gemietet hat, und so solltest du auch nicht voll Begierde für den Unterhalt deines Körpers sein, der doch nur auf eine gewisse Zeit mit dir verbunden ist.

88. Dein Körper ist der Wohnplatz von Krankheiten, er ist ein Gefäß aus Erde. Das Beste, was du mit ihm tun kannst, ist, seine Kräfte zur Erleuchtung deiner Seele zu verwenden, indem du die dazu nötigen Bedingungen erfüllst.

89. Betäubung, Wohlleben, Leidenschaften, Müßiggang und wertlose Unterhaltung sind die fünf Ursachen, welche dich dein (wahres) Selbst vergessen machen.

90. Unwissenheit, Zweifel, Aberglaube, Habgier, Hass, Böswilligkeit und schlechtes Handeln sind die sieben Ursachen, welche deine Seele von der Erleuchtung ausschließen.

91. Du solltest den Menschen im allgemeinen mit Freundschaft, denjenigen, welche etwas gelernt haben, mit frohem Mut und den Leidenden mit Hilfsbereitschaft begegnen.

92. Wohlwollende Gefühle gegen andere zu hegen, wird „Freundschaft" genannt; anderer Leiden zu erleichtern, heißt „Mitleiden"; in der Freude eines anderen freudig zu sein, wird „Seligkeit" genannt; und um die Angelegenheiten anderer sich nicht zu bekümmern, ist Gleichgültigkeit.

93. Die Empfindungen der Freundschaft sind, dass niemand sündigen möge, niemand dem Ungemach unterworfen sein und jeder Erlösung aus den Leiden, die ihm sein Karma auferlegt, finden möge.

94. Die Empfindungen des Mitleidens sind: Mittel zur Erleichterung des Schicksals der Unglücklichen und für diejenigen, welche in Leiden, in Furcht oder in Not sind, zu verschaffen.

95. Wirkliche Seligkeit ist es, denjenigen, welche fehlerlos, weise und verehrungswürdig sind, Ehrerbietung zu erweisen, und in ihrer Nähe

glücklich zu sein.

96. Wer weder Gunst noch Ungunst den Sündern erweist, sich weder um die Götter, noch um die Pfaffen bekümmert und sich nicht selber für etwas Großes hält, der handelt aus Erhabenheit oder Gleichgültigkeit.

97. Wer (für alle) Wohlwollen hat, der ist nicht durch bestimmte Bande gebunden und hängt nicht an weltlichen Dingen. Von solchen sagt man, dass sie dem Paradiese nahe sind.

98. Diejenigen sind preiswürdig, welche in vollkommener Gemütsruhe (Samadhi) und voll Seelenfrieden sind, und in Übereinstimmung mit der ganzen Natur leben.

99. Und diejenigen, welche ihr Gemüt von den Begierden nach Befriedigung der Sinne befreit haben, erfreuen sich schon in diesem Leben der Seligkeit der reinen Mentalebene.

100. Dies sind die Übungen von vierblättrigen Raja-Yoga, der Verbindung mit Gott, welche vollständig auf innerliche Beherrschung gegründet sind, und wodurch das Herz des Menschen gereinigt wird, ohne dass man den Geist oder den Körper Kasteiungen unterwirft.

5. Hermetische Sprüche

Spruch 10. aus dem Philippus-Evangelium:

Das Licht und die Finsternis, das Leben und der Tod, die Rechten und die Linken sind Brüder von einander. Es ist unmöglich, sie von einander zu trennen. Deswegen sind weder die Guten gut, noch sind die Bösen böse, noch ist das Leben ein Leben, noch ist der Tod ein Tod. Deswegen wird sich jeder einzelne auflösen in seinen Ursprung von Anfang an. Diejenigen aber, die erhaben über die Welt sind, sind unauflöslich und ewig.

*

Der, der der Dualität enthoben ist, ist fähig, das Reich zu erlangen. Wer die Mutterkräfte des Reiches besitzt, der kann ohne Ende dauern.

Aus einer altchinesischen Übersetzung des „Toa Te King" von Heinz Klein

6. Okkultes Tagebuch
Hohenstätten

Viele werden wieder sagen, was schreibt denn dieser Hohenstätten wieder einmal für einen Unsinn, wenn er behauptet, dass August Strindberg, der bekannte Poet und Okkultist im Buch „Okkultes Tagebuch" mit seinen eigenen Worten schreibt, dass er sexuellen Kontakt zu seiner damaligen Frau – Harriet Bosse – bloß über Gedanken, Imaginationen und telepathischen Einfluss herstellen konnte. Das dies jedoch möglich ist, beweist nicht nur der Dichter, auch wenn einige ihn für wahnsinnig hielten, denn Genie und Wahnsinn liegen nah beieinander, sondern auch in der okkulten Literatur findet man hin und wieder solche Hinweise. Da sie aber sehr spärlich gesät sind, bringe ich diesen Bericht des Poeten und überlasse die Meinung dazu dem geneigten Leser der Zeitschrift:

Am 10. Mai 1908 schreibt er: „Dieser telepathische Zustand (die Ehe, die ja auch real war), begann vor der Verlobung, als Harriet mich nachts auf eine mir unerklärliche Weise suchte; ich wurde im Schlaf geweckt und spürte in meiner Einbildung, dass sie neben mir lag; ich hielt sie in den Armen und hatte sie besessen, ehe ich um sie anhielt. Aber damals dachte ich mir nichts dabei (nämlich als ich um sie anhielt). Seitdem ist es ganz von selbst wiedergekommen, jedes Mal wenn sie fort war. Und es gibt keine Entfernung. Sie hat mich von Paris und Wien aus gesucht, und wir haben uns als Eheleute gefunden. Das kann doch nie aufhören!"

*

Diese Erlebnisse hängen offenbar mit seiner asketischen Lebensweise und seiner Beschäftigung mit dem Okkulten – er war auch mit Papus und anderen bekannten Okkultisten befreundet – während seiner „Infernokrise" zusammen. Seine Fantasie und die Einschränkung zur Außenwelt mussten durch innere Bilder ersetzt werden, welche solche Phänomene hervorriefen, die für einen Hermetiker erklärlich sind. Diese Welt wurde für ihn immer realer und er sah die Menschen, mit denen er sich im Geiste beschäftigte, immer plastischer vor sich. Und wenn man weiß, dass sich Bilder besser verwirklichen, hat den okkulte Zusammenhang schnell gefunden. Seine Frau H. Bosse berichtet auch in ihren Briefen an Strindberg, dass sie plötzlich des Nachts wach wurde und intensiv an ihn denken musste.

Seine Deutungen der Fantasie-Erotik im okkulten Licht schwankten zwischen einer Deutung im Sinne Swedenborgschen Geisterumganges auf höherer Ebene und den aus der mittelalterlichen Magie und den Hexenprozessen bekannten Vorstellungen der Inkubi und Subkubi, die auch Franz Bardon in seinem „Adepten" als gefährlich erwähnt. Diese „Dämonen" suchen die Schlafenden heim zum fleischlichen Umgange und berauben ihn der sexuellen Säfte und Kräfte. Jedoch, ob dies in jedem Fall Eros-Schemen sind, oder ob es sich um eine starkes Sympathie-Band handelt, an den zwei Menschen „ziehen", kann nicht immer mit 100% Sicherheit gesagt werden, denn die magisch-sexuellen Erlebnisse die mein Freund Arianus – bestätigt durch Ariane – hatte, bezeugen nämlich von ersteren. Nach Aussage meines Freundes war es seiner wahrlich wahnsinnigen Freundin möglich, sich imaginativ auf ihn einzustellen und als er mit ihr telefonierte, sagte sie ihm, dass sie auf ihm „reiten" würde. Sie war nämlich unheimlich „geil" auf ihm. Und was war . . . er spürte sie im Unterleib . . .

Doch dies wird ein anderes Mal in seiner Biografie näher erläutert . . .

7. Event Horizon
Hohenstätten

Als ich zum ersten Mal den Sience-Fiction Film „Event Horizon" sah, gefiel er mir ausnahmslos gut. Ich guckte ihn mir mehrmals an, den er war einer der Filme, die einen immer wieder fesseln konnten. Doch als ich ihn mir vor Kurzem nochmals ansah, erkannte ich in ihm eine hermetische Komponente, die mir bislang nicht auffiel. Doch gehen wir der Reihe nach vor. Zu Beginn zur Handlung: Im Jahr 2047 bricht das Bergungsraumschiff Lewis & Clark zu einer geheimen Rettungsmission in der Nähe des Planeten Neptun auf. Der mitgereiste Wissenschaftler Dr. Weir erläutert erst nach der Ankunft Captain Miller und dessen Mannschaft das Ziel des Unternehmens: Sie sollen die Event Horizon bergen, ein seit dem Jahr 2040 verschollenes Raumschiff, das die Grenzen des Sonnensystems erforschen sollte und über einen revolutionären Antrieb verfügt, der ein künstliches Schwarzes Loch erzeugt und dem Schiff somit ermöglicht, den Raum zu krümmen, um ihn zu durchqueren. Die Mannschaft entdeckt tatsächlich die verschollene Event Horizon in der Umlaufbahn des Neptun treibend. Eine Bergungsmannschaft geht an Bord und findet das Schiff scheinbar verlassen vor. Bald stellt sich aber heraus, dass alle Besatzungsmitglieder tot sind; offensichtlich haben sie sich gegenseitig getötet. Auf einem Videologbuch finden sie einen Film, auf dem gezeigt wird, wie sich die Besatzungsmitglieder gegenseitig zerfleischen.

Nach und nach kommt die Besatzung der Lewis & Clark dem Geheimnis der Event Horizon auf die Spur und sieht sich mehr und mehr mit ihren eigenen Ängsten konfrontiert, welches ein dunkles Wesen verursacht hat, das an der Schwelle des Raumes steht. Doch davon wussten die Wissenschaftler nichts, da sie sich nur mit einer Seite der Wissenschaft beschäftigen: Mit der Materie! Nachdem die ersten Besatzungsmitglieder von grauenhaften Visionen in den Tod getrieben wurden und die Lewis & Clark durch einen Sabotageakt zerstört wird, erkennt Weir, dass die *Event Horizon* (das Raumschiff) durch das Schwarze Loch in ein anderes, feineres Universum geflogen ist, nämlich durch die Astralebene, aus dem das Schiff auf unerklärliche Weise transformiert, als eine Art überintelligentes, aber nicht bösartiges Wesen zurückkehrte, das die Fähigkeit hat, die schlimmsten Ängste aller Menschen an Bord real werden zu lassen. Durch diesen Dimensionssprung und die resultierende Differenz der Raumzeit hat die Crew ein „höllenartiges" Szenario durchlebt und offenbar den Verstand verloren.

Captain Miller wird dadurch von seinen zum Leben erwachten Erinnerungen gequält. Aber dennoch versucht er, sich von den höllischen Visionen nicht verwirren zu lassen und die Event Horizon zu zerstören. Obwohl Weir, der von dem Wesen inzwischen völlig vereinnahmt wurde und nicht mehr Herr seiner selbst ist, ihn davon abhalten will, kann der hintere Teil des Rumpfes mit dem Gravitationsantrieb abgesprengt werden, welcher dann durch das von Weir kurz davor aktivierte Schwarze Loch fliegt. Der Erste Offizier, Lieutenant Starck, kann mit zwei Besatzungs-mitgliedern im Vorderteil des Schiffes entkommen und wird nach der Rückkreise von 72 Tagen durch eine Rettungsmannschaft befreit.

Wenn man nun ein klein wenig zwischen den Zeilen liest bzw. „guckt", fällt einem sofort auf, dass der Kinofilm eine Tiefe erreicht, die man gar nicht auf Anhieb feststellen kann. Denn wie im Film gesagt wird, tauchte das Raumschiff – ausgestattet mit einer nötigen Energiequelle, die es theoretisch ermöglicht, den „Raum" zu krümmen, ihn zu durchkreuzen – in eine andere Dimension ein. Es erkundet den Raum jenseits der physikalischen Gesetzte, der den Hermetiker als „Astral" bekannt ist, wo sie, die „Hüterin der Schwelle" weilt, die nur den Reinen Einlass in das alles umfassende Akasha oder Äther gewährt. Die Besatzung der „Event Horizon" wollte nämlich durch die Astralebene den materiellen Weg abkürzen. Aber „Abkürzungen" gibt es nicht! Peryt Shou und A. Dante („Die Göttlichen Komödie") nennen dieses Wesen der griechischen Mythologie nach auch Medusa, die durch ihre unzähligen giftigen Schlangen jeden sich nicht selbst schützenden zu „Stein" verwandelt. In „Event Horizon" wird diese Verwandlung durch Ängste, die in den einzelnen Besatzungsmitgliedern auftreten, veranschaulicht. Die Hüterin, die den Übergang des Schiffes überwachte, spiegelt in den Köpfen der Besatzung die einzelnen schrecklichen Szenen ihres Lebens wieder, um die Menschen ihre Fehler vorzuführen, damit sie erkennen, dass sie für einen Übergang in das reine Jenseits nicht geschaffen sind. Die Charakterschwächen werden so von der Hüterin den Menschen direkt vor die Augen geführt, genauso wie es im Roman „Zanoni" von Bulwer-Lytton eindringlich geschildert wird. Dies alles dient der Entwicklung, doch wer will das schon zugeben . . .

Manch einer, der ihre unergründliche Dunkelheit erblickt hat, kann das gesehene nicht verarbeiten, erträgt ihre „Reinheit" nicht, hält ihre widerlichen „gelben Augen" nicht stand und will am liebsten sich in den Freitod stürzen. Vor ihr fliehen sogar die Dämonengottheiten, solch ein schrecklichen Anblick wirft sie diesen gegenüber.

„Das Dunkle, das Dunkle in mir", sagte ein Besatzungsmitglied, denn er sah sie als Bestandteil seiner selbst. Er wusste, dass er sich selber sah, seine negativen Eigenschaften in verkörperter Form, um sich dessen bewusst zu werden und erkannte, wie weit sein Weg zur notwendigen Reinheit und Ausgeglichenheit noch zu beschreiten ist.

Doch wie kommt es, dass solche „Mysterien" im Kino bzw. zu Haue im Fernsehen gezeigt werden? Dr. Lomer sagt dazu in einem Aufsatz über Jules Verne, dass viele Dichter und Denker in ihren Büchern bewusst oder unbewusst an Ideenbereiche herankommen, welche schon an Prophezeiungen erinnern, wie dies der französische Romanautor in mehreren seiner Werke schilderte. Die Göttliche Vorsehung gibt den Menschen manchmal Hinweise seltsamer Art, nur damit sie daraus Erkenntnis schließen können. Ob sie das tun, soll dahingestellt sein. Die Vorsehung passt sich der Zeit an, wie im Mittelalter, wo das Theater, die Bühnenspiele und die Prozessionen die Orte der Einweihung waren. Jetzt ist es unsere hochentwickelte Technik, das Medium des Äthers!

8. Der Zwang und die Härte in Bardons „Adepten"
Pagan

In mehreren Gesprächen und auf den verschiedensten Seiten im Internet findet man immer wieder den Einwand und die Kritik, dass Franz Bardons Weg voll Zwang, vorgegebenen Übungen und Zeiten ist, ein stufenmäßiges Vorgehen, das nicht Überspringen einer Stufe, erst dann weitergehen, wenn man eine Übung beherrscht, dass man nicht die Elemente stauen soll, bevor man den seelischen Ausgleich erreicht hat, dass man unbedingt den Seelenspiegel aufstellen muss, da das für einen Fortschritt auf dem Weg unerlässlich sei; erst evozieren, wenn man den „Adepten" beherrscht und das Gleiche gilt für die Quabbalah usw., usw. Die Liste der Kritik lässt sich kaum begrenzen. Ich muss jeder Kritik beipflichten und ihr recht geben, denn sie stimmt bis ins Kleinste! Das sage ich als Hermetiker, als Anhänger von Franz Bardon, dessen Weg ich gehe. Ich muss dem noch hinzufügen, dass der Weg des Meisters extrem schwer ist, dass er die gesamte Nervenkraft kostet, dass er schlaucht, nervös macht, depressiv, ängstlich, verzagt und zum Verzweifeln bringt, dass man jahrelang keinen Erfolg hat, ja sogar krank wird, Schlafstörungen, Kopfschmerzen, Rückenschmerzen und allerlei anderes Übel einen befällt. Der Weg wird so hart, dass manch einer entweder zum Alkohol, zu Drogen oder anderen Medikamenten greifen muss, um den Druck, der durch den Kampf mit sich selbst entsteht, auszugleichen, dem standzuhalten und dem entgegenwirken zu können. Es wird einfach unerträglich! Das bestätige ich, Pagan!

Es macht keinen Spaß, den Weg von Arion zu gehen, es entsteht keine Harmonie, kein Gleichklang mit Gott, man wird nicht mal gelobt oder es wird einem auf die Schulter geklopft und gesagt: Das hast du gut gemacht. Nein, man muss den schweren Weg noch dazu alleine gehen. Alleine ohne Hilfe!

Ist es dann kein Wunder, dass jeder etwas am „Weg zum wahren Adepten" zu kritisieren hat? Nein, das ist eine verständliche Reaktion.

Aber wie kann man dem Abhilfe schaffen, wenn schon selbst über das Buch „Shiva Samhita" geklagt wird, dass es genauso einen „Zwang" vorgibt, wie der „Adept", denn es wurde nach den selben Richtlinien geschrieben wie das Buch von Franz Bardon. Die Hermetik ist im Westen die Gleiche wie im Osten – sie ist vierpolig und universell ausgelegt, d. h., dass alles berücksichtigt werden muss, was zum Erfolg führt. Das sind nun mal der Seelenspiegel, Ausgleich in allen Ebenen, Elementemeditationen, Sinnesbeherrschung usw., usw. Das würde jetzt zu weit gehen, die einzelnen Punkte nochmals anzuführen.

Aber für jemanden, der, ohne ihn herabzuwürdigen, nicht die nötige Kraft und Disziplin hat, den Weg von Bardon zu gehen, muss es doch nicht gleich heißen, er schafft den Weg zu Gott nie und nimmer. Nein, da gibt es doch noch andere Wege, denn alle Wege führen bekanntlich nach Rom, und genau diese Pfade will ich nun anführen, damit der Schüler der Hermetik sieht, dass seine Wahl sich nicht nur auf Bardon stützen muss, sondern dass es noch andere vierpolige universelle Wege zur Vollkommenheit gibt. Nur möchte ich in diesem Aufsatz betonen, dass viele Wege auch Gefahren beinhalten, die ich hier gezielt hervorheben möchte, damit der Schüler der Hermetik sieht, wo die Fehler und wo die Mängel liegen, wo die Vor- und Nachteile sind, damit er sich nicht voreilig selbst schadet.

*

Der beste Weg neben dem „Adepten" sind die 8 Lehrbriefe von **Dr. Lomer**, die Bardon selbst sehr schätze und für seine Schüler auch ins Tschechische übersetzte. Lomer schrieb noch einige weiterführende Werke mit Tipps und Ratschläge für den Schüler. Darüber schrieben wir schon an anderer Stelle.

*

Ich will nun die weiteren Wege nach den universellen vierpoligen Gesetzen – die man ja immer im Auge behalten sollte – der Reihe nach anführen. Je nach Mentalität gibt es z. B. **K. O. Schmidt's** „Vierpfadiger neugeistiger Weg", welcher eine weitere Möglichkeit wäre, dem Schüler einen Ausweg aufzuzeigen. Seine vier Werke – welche man analoger Weise den vier Elementen unterstellen kann – heißen:

1. Selbst- und Lebensbemeisterung durch Gedankenkraft.
2. Wie konzentriere ich mich.
3. Herzdenken – Die Praxis der Meditation und
4. Unio Mystika – Der Pfad der Kontemplation.

Dazu gibt es von ihm noch unzählige weiterführende Schriften. Dort werden die fünf Sinne, Gedankenstille, Konzentrations-, Meditations- und Kontemplations-Übungen angegebenen, die in gewisser Weise auf festen Boden stehen und einen gangbaren Weg bilden. Auch das Versetzen des Bewusstseins in den Mittelpunkt des Menschen führt er an, wie auch z. B. Meditationen über:

– Aum

- Anrufung an die Sonne
- Liebe, Mut, Wahrheit, Erkenntnis usw.
- Unendlichen Willen
- das Sein
- All-Einheit usw.

*

F. B. Marby: „**Runenbücherei**", die ich schon anderen Orts hervorgehoben habe und noch bemerke, dass man dazu sämtliche Schriften und Bücher des Verfassers zum besseren Verständnis lesen und studieren muss. Der Autor und hermetische Druide gibt kosmische Stellungen bekannt, klärt über die vier Element, die drei Ebenen und zwei Fluide auf, erörtert das Summen der „Formeln", Gedankenkontrolle, Konzentration, und bildet einen langsamen aber sicheren Weg.

*

K. Spiesberger schrieb die Lehrbriefe namens „**Einweihung**", welche unter seinem Decknamen Frater Eratus im Orden der Fraterntias Saturni monatlich an die Schüler geschickt wurden. Sie sind bei Weitem besser zum Studieren, da sie Monat für Monat zum Praktizieren verschickt wurden und sozusagen einen stufenförmigen Aufbau gewährleisten, deren unzählige Übungen und Meditationen der Schüler Stück für Stück praktizieren kann. Der Bauer- und Schikowski-Verlag brachte diese „Briefe" zusammengefasste im Buch „Hermetisches ABC" und „Magische Einweihung" heraus, jedoch fehlt dort der logische stufenmäßige Aufbau, den Spiesberger richtigerweise vorgab. Sie haben nur einen Nachteil, und zwar beinhalten sie gefährliche Übungen und zum Teil falsche Ansichten. Deshalb: Vorsicht ist die Mutter in der Porzellankiste! Zum Inhalt:

- Stufenförmiger Aufbau,
- Seelenspiegel,
- Gedankenbeherrschung,
- leider keine Stille (im Schikowski-Verlag schon!),
- erwähnt gefährliche Atemübungen,
- 10 schädliche Asanas,
- Imaginations-Übungen,
- spiritistische Praktiken, welche jedoch vom Weg abbringen,
- verfälschte Stellungs- und Runen-Übungen,
- Suggestionen, Hypnose, Telepathie und

48

- vier Elemente-Übungen von Sebottendorf,
- die 7 Chakras ohne die Elementezugehörigkeit,
- Vokal-Atem-Übungen,
- Bewusstseinserweiterungen usw.

*

Weniger gut und sinnvoll sind, das muss ich leider so sagen, die 12 **"Bücher der praktischen Magie"**, die die pflanzlichen Drogen über die eigentlichen Übungen stellen und zu einer Drogenabhängigkeit führen. Deshalb erübrigt es sich, die positiven Vorzüge aufzuzeigen. Ansonsten könnte man auch nach **Douvals** System gehen. Douval beschreibt leider keinen stufenförmigen Aufstieg, sein System beginnt mit Beschwörungen, falsch beschriebenen Übungen, Elementalbildung als Anfänger, Hellsehen mittels Drogen sowie Astralwandern. Er beschreibt auch die Elemente-Übungen von Sebottendorf, ohne überhaupt näher auf die vier Elemente einzugehen.

*

Unbrauchbar hingegen sind die Bücher von **Kerning** und **Weinfurter** (**"Die königliche Kunst"** und **"Der brennende Busch"**), welche zu schweren geistig-seelischen aber auch körperlichen Schäden führen können, wie Bardon in seiner "Quabbalah" und wir in der ersten Zeitschrift des "Der hermetische Bund teilt mit" anhand von Beispielen nachgewiesen haben. Dazu zählt leider auch das äußerst interessante Buch von **Sebottendorf "Die Übungen der Türkischen Freimaurer"**, welches bei Anions Vater zu Gesichtslähmungen führte, da rituell-gefährliche Elemente-Übungen zu oberflächlich und spärlich geschildert wurden.

*

Vivekanadas "Raja-, Bhakti-, Jnana- und Karma-Yog" sind leider wie alle östlichen Werke unvollständig, einseitig, schlecht und falsch beschrieben, egal ob es sich um die vier den Elementen beschriebenen von **Vivekananda** handelt oder ob es um Kundalini-Yoga geht, wo selbst der fundamentale Ausgleich fehlt. Am schlimmsten finden wir, dass die total verfälschten Bücher des Betrügers **Sivananda** so einen großen Zulauf finden, obwohl sie absolut unverständlich, unzusammenhängend, nicht sinnvoll erläutert, äußerst oberflächlich und nur dem trügerischen Schein nach und auf den ersten Blick interessant, und deshalb nicht gangbar sind. Selbst der Klassiker **"Übungen zu Konzentration und Meditation"** mangelt an allen Ecken und Enden. Obwohl Franz Bardon Swami

Sivananda lobend in einem Brief erwähnte, musste er dies als seinen Auftrag ausführen, um in Kontakt mit den verschiedenen „Lehrern", „Gurus" und „Meistern" zu kommen, wie es im „Original-Manuskript des Frabatos" von Otti Votavova steht. Wörtlich sagt er: *„Diesen Heiligen Indiens schätze ich mir am meisten von allen, die ich bis heute gekannt habe oder kenne."* Bardon soll über 100 Bücher in englischer Sprache von ihm besitzen und ihn als seinen „Guru-Meister" titulieren . . . die Gründe für solch ein Verhalten sind jedoch die oben erwähnten. In dem Buch **„Übungen zu Konzentration und Meditation"** befinden sich folgende Exerzitien, welche sich mit seinem „Kundalini-Yoga" Werk decken:

- unverständliche Hilfen für die Konzentration
- durcheinander gewürfelte Praktiken zur Beherrschung der Gedanken und Gefühle, die sich meistens aufs Singen von Mantrams, Götternamen, Japa-Formeln oder Sprüche aus der Gita beziehen.
- Konzentration auf einen Stuhl (?)
- Diäten, Körperpflege, Gymnastik usw., wobei der Autor dies in jedem seiner Bücher mehrmals erwähnt.
- Meditationen auf alles, nur nicht über die göttlichen Eigenschaften der Allmacht, All-Liebe usw.
- Hindernisse für Meditationen und charakterliche Mängel ohne Angabe für deren Beseitigung durch Suggestion, Magie des Wassers, Atemübungen mit den Eigenschaften usw.

Kurz zusammengefasst: Ein äußerst oberflächliches und deshalb ungeeignetes Buch für einen systematischen Übungsweg. Das ist bei allen anderen Büchern von ihm auch so. Im „Kundalini-Yoga" Werk beschreibt er die vier Tattwas mit falschen Eigenschaften versehen, wie wir es im Kapitel: „Die vier Elemente im Yoga" aufgelistet haben.

*

Selbst der an und für sich gut beschriebene Hatha-Yoga-Weg von **Sacharaov – „Indische Körperertüchtigung – 12 Lehrbriefe"** – ist besonders für uns Westler nicht geeignet, da er nach Aussage von unzähligen Okkultisten und auch Ärzten zu gefährlichen Erkrankungen führen kann und wird. Dort stehen

- unzählige Hatha-Yoga-Stellungen,
- verschiedene gefährliche Atemübungen wie z. B. der Links- und Rechtsatem, der abkühlende Atem, Ujjayi, Sukh-Purvak, Bhastrika

und noch mehr disharmonische Exerzitien,
- Konzentrations- und Meditations-Übungen,
- Diäten- und Lebensratschläge
- und keinerlei Hinweise auf die Vierpoligkeit!

*

Rah Omir Quintscher übersetzte das Lehrbuch der F.O.G.C. „**Habu-Cadis**", ebenso wie den Weg der ägyptischen Strom-Übungen – „**Die Weltenergien**". Jedoch sind letztere unvollständig beschrieben und selbst Rah Omir konnte mit ihnen keinen gewünschten Erfolg erzielen, da er sie nicht annähernd verstand. Sein Lehrgang weist keine Seelenschulung mit den entsprechenden zwei Astralspiegeln auf und die Reinheit ist meilenweit von ihm entfernt. Im **Habu Cadis** stehen z. B. folgende Praktiken:

- Spiegelübungen,
- wichtige Begleiterscheinungen,
- Gegenhandlung bei einem Angriff,
- vom magischen Wandern, Senden, Brechen, Ziehen, Wandeln, Teilen, Verpflanzen und Verwandeln,
- Beeinflussung mittels Tepha,
- gestürztes (umgedrehtes) Pentagramm für die Stirn!
- Willensschulung mittels Formel.
- Er beschreibt darin auch Elemente-Übungen mittels der ägyptischen Namen durch Verbindung des Atems mit dem Sprechen. Ich zitiere eine Form dieser ungewöhnlichen Elemente-übung, um aufzuzeigen, wie viele verschiedene Formen der Tattwa-Praxis existieren: *„Unbekleidet, gegen Westen gerichtet, Hände ins Wasser gelegt, Saugflächen nach unten, spricht man die Formel mit dem Atem verbunden „Die Kraft des Wasser nehme ich in mir auf". Dabei entsteht das Gefühl der Kälte."*

Im Buch **„Die Welt-Energien"** geht es um die vierpolige Beherrschung der Ströme im Kosmos, welcher ein alt-ägyptischer Weg war und von Vorstehern, mit denen man im Kontakt stehen muss, vermittelt wurde. Des Weiteren geht es um die

- Stromkreissysteme wie
- Körperstrom
- Erdstrom
- Weltstrom

51

- Allstrom
- und deren Wirkungen in den verschiedenen Zonen.

Wie man das „Rulid" staut, will ich hier nur zur *Kenntnisnahme* anführen. Wir bringen dieses Übungssystem mit den entschlüsselten Namen und Begriffen sowie den nötigen Erklärungen im vierten Band der „Enthüllten Archive geheimer Wissenschaften" heraus. Jedoch sind die Grundbedingungen, die er für diese Praxis fordert, die vollkommene Gedankenbeherrschung der Konzentration und der Stille. *„Wer die Grundübungen nicht lernt, der kann auch die Handlungen nicht durchführen. Der lernt das andere auch nicht! Es ist vollkommen zwecklos, gleich bei den Handlungen zu lernen anzufangen, da ohne Grundübungen nichts erreicht wird!"*, sagt er höchstpersönlich im „Denu val Gumas", 2. Buch, 1. Kapitel!

Nun zu den Strömen (S.120): *„Handlung und Wirkung der Übung zur Beherrschung des Rul-Stromes. In fließender Stromstärke, eine Minute vor Eintritt des Vril-Feuers entzünde in dem Räuchergefäße die mit Brennspiritus getränkten Holzkohlen. Sobald Glut entstanden ist, schütte Rulidpulver auf und stelle dich davor. Der Rauch steigt, hebe langsam beide Arme, dabei tief einatmend und führe sie ausgestreckt, im Bogen über den Kopf und denke bei geschlossenen Augen: „Ich nehme das Rulid in mich auf", den Atem anhaltend und weiterdenkend: „Sammelt sich in meinen Körper"!*

Die Arme bleiben mit gespreizten Fingern oben und diese Umwandlungsübung (Atmungsdenken) ist noch sechsmal vorzunehmen.

Dann die Arme senken, die Übung ist beendet. Du wirst dabei das Gefühl haben, als ob heiße Luft dich umgibt und du greifst hinein. Ein prickelndes Gefühl rieselt durch den Körper und nach einigen Übungen kommt dir die Zimmerluft verändert vor, es ist eine befremdende Erwärmung eingetreten. Es ist schwül und drückend heiß wie bei einem Gewitter."

*

Ein sehr guter meditativer und harmonischer Weg ist der der 4. Tarotkarte – **„Das goldene Blatt der Weisheit"** –, in welcher verschiedene physiologische Meditationen über die mineralische, pflanzliche und tierische Ebene preisgegeben werden. Des Weiteren befinden sich darin noch interessante Meditationen über Vorsteher, über die persönlichen Gotteseigenschaften usw. Diesen meditativen Weg könnte man als Vorschulung zum Werk „Der Weg zum wahren Adepten" ansehen.

*

Evans-Wentz – Wer etwas weiter gehen will, kann auch noch die Meditationen über die vier Dhyani-Buddhas betreiben, welche durch langsame Übungen die Beherrschung über die 4 Elemente sichert. Dazu schreibt **Evans-Wentz** einiges in seinem Werk „**Geheimlehren aus Tibet**", so wie er manch andere seltene Perle beschreibt. Jedoch stehen dort meist nur Andeutungen, wo Erklärungen fehlen. Kurz zum Inhalt:
- die gewöhnlichen Übungen
- die außergewöhnlichen Übungen
- die Lehre von der psychischen Wärme
- vom trugvollen Körper
- die Lehre von der Bewusstseins-Übertragung
- der Pfad der fünf Weisheiten
- über die Yoga-Wege
- die 28 Grundordnungen der Yogalehren (charakterliche Bedingungen) usw.

Seine Tattwa-Übungen gehen so (S. 323): *„Bildet z. B. das Element Erde die Grundlage der Betrachtung, dann formt der Yogi einen etwas breiten möglichst rotgefärbten Kreis aus Lehm etwa drei Fuß vor seinem erhöhten Meditationssitz. Dann blickt er starr auf diesen Kreis und lenkt sein Denken auf das Element Erde, während er sich vorstellt, dass sein eigener Körper aus Erde besteht. Nach einiger Übung erlangt das Bewusstsein einen Zustand der Versenkung, dass der Kreis auch bei geschlossenen Augen gesehen wird. Diese Übung befähigt den Yogi zur Erkenntnis der trügerischen Natur des menschlichen Körpers und aller Teilerscheinungen und damit zur Verwirklichung eines Zustandes des Nicht-Ich."*

*

Brandler-Pracht – „**Lehrbuch zur Entwicklung der okkulten Fähigkeiten**" gründet sich ebenfalls wie das unten angegebene Buch auf das Werk von Rama Prasad „Die feineren Naturkräfte". Er erwähnt darin die so wichtige Gedankenkontrolle und -beherrschung, geht auf seelische Änderung ein wie Geduld, Ruhe, Triebbeherrschung, verlangt vom Schüler extrem langes Atemanhalten; der magnetische Blick wird geschult, auf Charakter und Atem, Askese, tägliche Selbstkritik, Magnetismus geht er ein, aber leider schildert der Autor tantrische Tattwa-Übungen, die falsch verstanden sehr gefährlich sind; geht des Weiteren vertieft auf die Stille ein, jedoch mit einer gefährlichen Übung des Atemanhaltens während der Dauer des negativen Zustandes. Diese Übung kostete Brandler-Pracht seine Gesundheit! Zum Inhalt:

- Gedankenbeherrschung,
- Stille,
- Atemgymnastik, Wirbelsäulen-Atmung, Atem im Gehen, Porenatmung,
- Hellhören und Hellsehen durch extreme Praktiken hervorgerufen wie durch Stauung von Prana in der Zirbeldrüse und der Nabelgegend.
- Psychometrie,
- gefährliche Übungen zum Aussenden des Astralkörpers,
- beschreibt die Tattwas sowie die Fluide anhand von nicht analogen Beziehungen!
- lässt im Hirn Prana stauen!
- Traumbeeinflussung, Wahrträume,
- erwähnt den persönlichen Führer, den Schutzgeist,
- geht auf die Polarität im Menschen ein wie Bardon im Kapitel „Diät"!
- zieht Kräfte durch schauen in Richtung auf den Mond und in die Sonne (!?) an, und will dadurch den Astralkörper lockern, und zum Austreten bringen!
- erwähnt die Tattwa-Übungen von Rama Prasad, welche aber tantrischer Natur sind.

*

Gregorius: „Spaltungsmagie" fußt genauso wie Brandler-Pracht auf dem unten beschriebenen tantrischen Weg von Rama Prasad „Die feineren Naturkräfte". Gregorius erwähnt darin ebenso die gefährlichen und nach Dr. Lomer nicht praktikablen Übungen mit den 5 Elementen und den beiden Fluiden, womit das Werk zwar vierpolig, aber einseitig falsch und extrem disharmonisch ist.

*

Balzli – „Magisch Okkulte Unterrichtsbriefe": Ist auf 10 Lehrbriefe beschränkt, welche sich zum Teil auf die 5 Elemente und die Sonnen- und Mondkräfte beziehen. Jedoch von harmonischen Standpunkt aus betrachtet, ist dieser Weg ungangbar, weil er zu extrem, chaotisch und zu einseitig ist. Das Buch behandelt unter anderem:

- die Vergöttlichung des Willens usw.
- Schemenbildung
- die 7 Körper
- Asanas, Gymnastik und Körperpflege
- Konzentration- und Meditations-Übungen
- extreme Askese-Übungen
- Darmspülungen
- gefährliche Yoga-Atem-Übungen
- Charakterschulung
- die zwei Fluide und fünf Elemente
- gefährliche Übungen des Astralleibaussendens genauso wie bei Brandler-Pracht
- falsch verstandene und deshalb verderblichen Übungen des Kundalini-Yogas mit den sieben Charken
- Hellsehen durch anstarren von Spiegelflächen in Verbindung mit dem Teja-Tattwa
- Psychometrie mit Hilfe des Apas- oder Prithvi-Tattas
- usw. usw.

Hier nun für den Leser eine Tattwa-Übung, damit er selbst darüber urteilen kann (S. 167). Vor dieser Praktik sollte der Schüler jede Woche einen anderen Lotus per Pranayama zum Arbeiten anregen: *„Jetzt beginnt die Hauptübung. Nehmen wir an, der Schüler habe gefunden, dass er in Tejas (Feuer) schwingt und den Surya(Sonnen)-Atem hat, und er wolle Apas (Wasser) erzeugen. Da wird er vorerst Tejas durch seine Willenskraft stark herabstimmen, indem er sich auf den Mond und die Kälte konzentriert. Dann stellt er sich auf dem Antlitz nach Osten (Apas). Er macht in aufrechter Stellung das Pranayama, in dem er den Atem langsam links (Chandra-Swara) einzieht. Gleichzeitig muss in ihm die intensive Vorstellung und Empfindung leben, dass er sich in Mitten des Mondes (den er sich sichelförmig denkt) befinde, dass er eine abwärtsgerichtet Bewegung und Kälte empfinde. Er wird ferner einen zusammenziehenden Geschmack und einen ähnlichen Geruch empfinden, er wird überall silberviolette Farben erblicken, eine gewisse Zusammenziehung in seinem Inneren fühlen, um sich herum von oben herab Wasser strömen sehen, das ihn wie einen Mantel einhüllt und durchdringt, und wird auch gleichzeitig die Silbe „Yam" (nach Bardon eine tantrische Formel des Wasser-*

Elementes) *in einer tiefen Oktave seines Grundtones laut denken. Beim Stauen des Atems führt er den so gefärbten Prana-Strom zum Kundalini-Padma (Chakra) und überträgt mit starker Willenskraft die oben genannten Empfindungen und Vorstellungen auf dieses Wirbelzentrum, um es in gewünschte Apas-Schwingung zu versetzen. Hierauf lässt er den Pranischen Strom – unter steter Beobachtung der entsprechenden Gefühle und Vorstellungen – in der bekannten Reihenfolge durch alle Kraftzentren ziehen, also durch die Nabelgegend, Milz, das Herz, den Kehlkopf, die Nasenwurzel, und über die Zirbeldrüse zur oberen Schädeldecke (Sahaswara). Wenn das geschehen ist, so muss man fühlen, wie der mit Apas gefärbte Prana-Strom von jedem Kraftzentrum aus den ganzen Körper durchflutet."*

*

Rama Prasads „Die feineren Naturkräfte" ist eine rein tantrische Schrift, die aufgrund von totaler Unkenntnis sämtlicher darüber schreibender Okkultisten zu den herkömmlichen Yoga-Schriften gezählt wurde und dessen tattwische Übungen infolgedessen im großen Stil in die okkulte Literatur eingegangen sind! Fast jede Literatur über die Tattwas begründet sich auf diese indische Lehre. Leider sehr zum Nachteil für die Praktizierenden, wie Karl Weinfurter in seinem „Brennenden Busch" eingehend berichtet.

*

Wiedenmann: „Die Sphinx im Menschen oder das Rätsel des Ätherkörpers" ist eine absolut unverständliche Schrift eines noch unverständlicheren Autors. Als ich sie in die Hände bekam, war ich entsetzt, wie man solch ein Buch zur Entwicklung der Geisteskräfte veröffentlichen kann. Er verwendet nämlich Wahrheiten vermischt mit Irrtümern und macht dieses Werk zum Verwirrspiel. Er beschreibt darin die 7 Körper, die 7 Charkren mit den entsprechenden Tattwas, erwähnt die Polarität und das Akasha und geht auf verschiedene Konzentrations- und Meditations-Übungen ein, die er dem falsch aufgefassten und übersetzten Werk „Shiva Samhita" und dem „Die feineren Naturkräfte" entnahm und sich selbst zurecht gedeutet hat. Er beschreibt richtig, dass die Nachtwandler dem Mond und dem Magnetismus unterworfen sind, schneidet kurz die Konzentration auf den Solar Plexus und die Erkenntnis über den eigenen Körper an, erwähnt wohlweise die Macht über die Elemente. Doch im nächsten Absatz schreibt er von der positiven Erweckung der einzelnen Zentren durch Pranayama, welche mittlerweile nachweislich bei Unausgeglichenen zu schweren physischen und psychischen Störungen führt. Er meint, dass das lange Atemanhalten keine großen Anstrengungen verursacht, *„sondern man bedarf der Atmung nicht mehr"* (?). Bei der Beschreibung der Tattwas geht er den oben genannten Weg von Rama Prasad, anstatt die Wahrheit zu veröffentlichen. Er bringt zwar die Chakras mit den Tattwas überein, doch erwähnt er sieben einzelne Tattwas, obwohl es in unserer Entwicklung nur 5 Elemente gibt, ordnet den Elementen die falsche Himmelsrichtung zu, die Sinne entsprechen nicht den analogen Tattwas, und somit schwappt die Praxis total über nach Indien zu den „Feineren Naturkräften".

*

Im Buch **„Daskalos Meditationen – Tore zum Licht"** werden ungewöhnliche Elemente-Übungen geschildert, dessen Sinn sehr fragwürdig ist. Es wird zwar auf die vier Elemente eingegangen, das Kreuz in Bezug auf die Vierheit erwähnt, aber nicht über Charaktereigenschaften oder deren göttlichen Entsprechungen geschrieben, sondern es wird sofort, und ohne stufenförmigen Aufstieg, auf die Arbeit mit den vier Erzengeln hingewiesen, welche die Schöpfergottheit Metatron versinnbildlichen. Es ist deshalb nicht zu verwundern, dass Daskalos nicht über die dritte Stufe hinausgekommen ist, wie es Ariane andeutete, wenn man bedenkt, dass er sofort mit der Allgewalt ohne die nötige Vorschulung in Kontakt getreten ist, welche mit ihrer gesamten Schöpferkraft auf den Unberufenen einbricht und unweigerlich extremste Schäden hervorrufen kann. Auf Seite 20 werden diese Schöpfer folgendermaßen dargestellt:

„In jeder Form – vom menschlichen Körper bis zum Universum – wirken je ein Gabriel, ein Michael, ein Raphael und ein Uriel.

Erzengel Gabriel ist die „Seele" der Erde. Er beherrscht das Element des Wassers – drei Viertel der Oberfläche des Planeten – und der Flüssigkeiten in unserem materiellen Körper. Gabriel verhilft außerdem unserem psychischen Körper zu Frieden und Harmonie. Seine Farbe ist himmelblau.

Die Schwingungen Erzengel Michaels sind Licht, Feuer und alle roten Farbtöne. Das Grundelement Michaels ist Feuer, so wie Gabriels Element Wasser ist. Feuer entspricht der Hitze der Sonne und dem „Herzen" des Planeten. Michael versorgt unseren Körper mit warmem, rotem Blut.

Erzengel Raphael entspringt der Zusammenarbeit von Gabriel mit Michael. Seine Farbe ist violett, Symbol für ätherische Vitalität und ihre elektromagnetische Kraft. Raphaels Element ist Energie. Er versorgt

unsere Körper mit Kraft und Stärke.
Erzengel Uriel bringt das Wirken aller Erzengel der Elemente in Einklang.
Seine Schwingung ist silbrig-weißes Licht. Uriel sorgt für Ordnung und
Harmonie innerhalb unserer Körper und zwischen ihnen. Makrokosmisch
und mikrokosmisch ist er der „Große Ausgleicher".

Jeder Schüler der Hermetik sieht sofort, dass nicht auf die analogen
Eigenschaften der Elemente eingegangen wird und diese Form sehr der
Praxis des „New Age" ähnelt.

Auf Seite 28 kommt es dann zur „Einstimmung auf die Erzengel": *„In den*
meisten Übungen folgt auf die „Einleitende Meditation" das „Einstimmen
auf die Erzengel". In dieser Übung erstellen wir eine psychonoetische
Pyramide. Die Pyramide ist über Jahrtausende in vielen Kulturen als
heilige, schützende Stätte für die Zwiesprache mit göttlichen Wesen benutzt
worden. In „Einstimmen auf die Erzengel" lernen wir, mit unseren
Brüdern, den Erzengeln der Elemente, zusammenzuarbeiten. Dieser
allgemeinen Übung „Einstimmen auf die Erzengel" folgt oft eine
zusätzliche, spezifische Meditation.

Richte deine ätherischen Augen auf den Fußboden. Zeichne mit dem
weißen Licht deines ätherischen Doppels ein Quadrat auf den Boden. Sieh,
spüre und höre, wie Energie aus den Fingern deiner ätherischen Hand
fließt und das Quadrat mit weißem Licht füllt. Stehe in der Mitte des
Quadrates. Benütze wiederum deine ätherische Hand und bilde ein Dreieck
vor dir; bilde eine weiteres Dreieck auf der rechten Seite; eines auf der
linken und eines hinter dir. Schließe die vier Dreiecke zu einer Pyramide
zusammen. Sie ist dreimal so groß wie du und mit weißem Licht gefüllt.

Atme tief, sieh, wie goldenes Licht im Dreieck vor dir aufsteigt. Es ist das
Licht des Logos. Verbeuge dich in Ehrfurcht vor seinem herrlichen Licht.

Zu deiner Rechten siehst du rote Flammen im Dreieck emporsteigen; es ist
der Erzengel Michael. Öffne deine Hände und empfange eine rote Flamme.
Atme tief. Dein ätherisches Doppel füllt sich langsam mit Michaels rotem
Licht, dieses Licht brennt nicht, es reinigt dein Blut. Danke Michael für
seine Hilfe.

Sieh violette Flammen im Dreieck zur linken Seite emporsteigen. Es ist
Raphael. Öffne deine Hände, um eine violette Flamme zu empfangen. Atme
tief und sieh, wie dein ätherisches Doppel violett wird. Raphael gibt dir die
ätherische Vitalität und Energie, die du benötigst. Danke ihm für seine
Hilfe.

Du brauchst dich nicht dich umzudrehen, um das Dreieck hinter dir zu sehen. Himmelblaue Flammen steigen in diesem Dreieck hoch. Es ist Gabriel, der ausgesprochen sanfte und liebende Erzengel. Er kommt und umarmt dich. Atme tief und sieh, wie sich dein ätherisches Doppel mit himmelblauem Licht füllt. Fühle und sieh alle Flüssigkeiten in deinem Körper in voller Harmonie. Gabriel bringt deinem psychischen Körper Frieden. Danke ihm für seine Hilfe.

Atme tief und sieh silbrig-weißen Dunst vom Boden aufsteigen. Zuerst umschlingt er deine Füße, dann steigt er langsam höher bis zu deinem Kopf. Es ist Uriel, der große Ausgleicher. Arbeite mit ihm zusammen und gleiche deine Körper aus. Dein noetischer Körper, dein psychischer Körper und dein materieller Körper befinden sich in vollkommener Harmonie und in Frieden. Danke Uriel für seine Hilfe.

Sieh die Erzengel in deinen Körpern am Werk. Spüre ihre Liebe für dich. Michael gibt uns Feuer und Wärme. Raphael Kraft und Stärke. Gabriel Frieden und Gelassenheit und Uriel schenkt uns Ausgeglichenheit und Harmonie. Lausche deinem Herzschlag. Er ist die Stimme der Erzengel, welche dir sagt, wie sehr sie dich liebhaben. Liebe dich selbst, so wie sie dich lieben. Atme tief.

An dieser Stelle kannst du entweder eine weitere Meditation anschließen oder diese Übung beenden, indem du dich entspannst und die Pyramide auflöst."

Ich überlasse das Urteil über diese Form der Elemente-Übungen dem Leser und gehe gleich auf Seite 38 über, wo weitere Elemente-Übungen geschildert werden, ohne ein Kommentar darüber zu geben. Ein jeder Schüler der Hermetik wird sogleich zum richten Schluss kommen: *„Eine Kristallhöhle – Verschiedene Energien unterscheiden: Kristalle stellen ein Mittel dar, das es der derzeitigen Persönlichkeit erlaubt, auf sanfte Weise mit den Erzengeln der Elemente zusammenzuarbeiten. Durch das Visualisieren einer Kristallhöhle können wir die Schwingungen der Erzengel optimal wahrnehmen.*

Ich möchte das anhand eines Beispiels erklären. Als ich zum ersten Mal versuchte, meinem Körper Energie zu geben – ich fühlte mich schwach und hatte Schmerzen – wurde mein Leiden noch größer. Ich wusste nicht, wie die Heilenergie zu kontrollieren ist, und nahm deshalb zu viel auf. Von einer visualisierten smaragdgrünen Kristallsäule kann eine Person unbesorgt genau die Menge Energie aufnehmen, die sie benötigt. Im Laufe der Zeit wirst du fähig sein, eine direkte Beziehung zu den Erzengeln herzustellen und den Energiefluss zu kontrollieren. Die Erzengel wissen

natürlich, was wir benötigen – aber auch wir müssten es wissen.
In dieser Übung wirst du – deinem eigenen Rhythmus entsprechend – die Wärme Michaels, die Elektrizität Raphaels und die kühle Sanftheit Gabriels fühlen, alles ausgeglichen von Uriel.
Beginne mit der „Einleitende Meditation" und führe sie wie folgt weiter: Visualisiere eine glänzende Höhle. Tritt ein und sieh die Höhle voll von Kristallen jeglicher Art. Auffällig ist eine Anzahl großer Kristallsäulen, die weißes Licht ausstrahlen.
Geh auf eine Säule zu, fühle ihre Schwingungen während du dich ihr näherst. Halte vorsichtig deine ätherischen Hände in die Nähe des Kristalles – ohne ihn zu berühren – und spüre die Energie. Im Innern der Säule ist Bewegung, Leben. Rotes Licht wird allmählich sichtbar, rote Flammen steigen in der Kristallsäule hoch. Der Klang der Schwingung gibt uns den Namen. Es ist Erzengel Michael. Spürst du, wie sich die Energie in deinem Körper verändert? Fühle die Wärme in deinem Blutkreislauf. Danke Michael für diese Erfahrung.
Gehe jetzt zu einer anderen Säule. Spüre ihr Energiefeld wie du ihr näherkommst. Halte deine Hände nahe an die Säule, wiederum ohne sie zu berühren, und fühle, wie die Energie zunimmt. Spüre die Bewegung in der Säule als Elektrizität, als Kraft. Sieh violettes Licht im Innern der Säule hochsteigen, die Intensität nimmt ständig zu. Du kannst seinen Namen hören. Es ist Erzengel Raphael. Nimm den Unterschied zwischen den Schwingungen von Raphael und Michael wahr. Danke Raphael für seine Anwesenheit.
Jetzt gehst du auf eine dritte Säule zu. Spüre, während du ihr näherkommst, kühle, sanfte, himmelblaue Wellen von ihr ausstrahlen. Die Säfte deines Körpers fließen harmonisch. Du kannst seinen Namen hören und fühlen. Es ist Gabriels Energie. Wie unterscheiden sich die Schwingungen von Gabriel, Raphael und Michael? Danke Gabriel für dieses freudige Erlebnis.
Gehe zur vierten Säule. Sie ist voll silbrig-weißem Licht. Berühre die Säule. Spürst du Uriels Schwingungen? Wie reagieren deine Körper auf diese Energie? Es ist, als wäre plötzlich alles im Lot. Du bist ausgeglichen. Danke Uriel für die Harmonie . . .
Eine ganz besondere Säule zieht dich nun an. Du trittst in eine Sphäre goldenen Lichts. Atme tief und spüre die Schwingung. Es ist das Christus-Licht. Das Licht dehnt sich aus und füllt die ganze Kristallhöhle. Fühle, wie einzigartig Christi Schwingung ist. Seine göttliche Schwingung berührt

deine Persönlichkeit. Sie erhebt dich in himmlische Schwingungen. „Und ich, wenn ich erhöht werde von der Erde, so will ich sie alle zu mir ziehen" (Johannes 12:32). Konzentriere goldenes Licht in deinem Herzzentrum. Sieh es, fühle es und bewahre es dort. Fühle seine Gegenwart in dir. Nur schöpferische Gedanken und reine Gefühle sind jetzt in dir. Nur gute und freundliche Worte werden von deinen Lippen kommen. „Ich gelobe mir selbst, täglich mich in die absolute Seinsheit zu versenken und in die Stille zu gehen mit dem Ziel, meine Gedanken, Wünsche, Worte und Taten ganz auf seinen göttlichen Willen einzustellen."
Löse die Kristallhöhle auf, atme tief und fühle deinen materiellen Körper wieder."

*

Crowley „Buch 4 – Teil 1 (Yoga)": Franz Bardon hatte vor, dieses Buch für seine Schüler ins Tschechische zu übersetzen, dessen diesbezügliches Schreiben auf Walter Ogris Website „archivhermetischertexte.at" veröffentlicht wurde, wovon ich zitiere. Warum Bardon so etwas schreibt, kann nur so erklärt werden, dass er den Auftrag von Urgaya bekam, sich bei manch einer Person „einzulullen", um an Schriften oder anderes Material heranzukommen, so wie er das bei der F.S. machte oder bei Herrn Tränker durchführen musste (siehe „Zu Ehren von Franz Bardon"). Sein Auftrag war nämlich drei vollkommene Werke zu schreiben, wobei er aber auf alle verschiedenen Systeme zurückgreifen musste, um seine Bücher universell zu gestalten:

Einführungsworte an den Leser,

Wir veröffentlichen für unsere Leserschaft die unbekannte Handschrift des Meisters Therion. Wir sind überzeugt, damit eine ebenso eigenartig seltene, wie geradezu wünschenswerte Arbeit vorzulegen, insbesonders für jene, die von der gesegneten Richtung, die in der Tat zum Ziel führt, bereits Kenntnis haben. Es ist der Weg, der durch das „in uns selbst verborgene Tor" führt. Die Arbeit Therions ist zwar für alle bestimmt, aber für jedermann ist sie nicht gedacht. Es handelt sich um Niederschriften und Bruchteile von gelegentlichen Gesprächen mit nicht unbedeutendem Ideengehalt, die es verbindlichermaßen mit Vorsicht zu lesen gilt – damit sie Ihnen, beim Blick auf das Ganze und mit der Auswahl wie sie hier vorliegen, als wahres Geistessymposium erscheinen – um dienlich zu sein.
Es liegt also an nichts anderem als an Ihrer Auswahl. Wir sind überzeugt,

dass in Therions Arbeit nicht nur die Schönheit der Motive und Anregungen, sondern auch zahlreiche Lebenswahrheiten vorzufinden sind, die zu jedem herabsteigen, der deren ergebener Bekenner ist. Wenn es wirklich etwas Okkultes gibt – dann ist es leider am häufigsten die Wahrheit. Das klingt freilich paradox, aber zur Befreiung ist vorrangig die Wahrheit notwendig, denn geistige Reinheit und geistige Unreinheit sind das, womit der Mensch von alters her in sich selbst einen nicht enden wollenden und somit auch undankbaren Kampf führt. – Arion

In Crowleys Werk werden über folgende Punkte Abhandlungen interessanter Natur angeboten:

- Asana
- Pranayama und Mantra-Yoga
- Yama und Niyama
- Pratyahara
- Dharana
- Dhyana
- Samadhi

*

Zum Abschluss dieses Aufsatzes möchte ich noch betonen, dass wenn man mit Bedachtsamkeit und Vorsicht an einen dieser Wege rangeht, man sich durchaus einen vernünftigen Pfad zu Gott bilden kann, der seiner Mentalität mehr entspricht als der „Adept", sofern man ihn mit dem nötigen Ernst geht.

9. Um die Werke zu heiligen
Ariane

Alles bewusst machen, erleichtert ungemein den Erfolg und die einzelnen Übungen aus den „Adepten" werden dadurch leichter bewältigt. Nur hört sich das einfacher an, als es ist. Man könnte, um leichter die Bewusstwerdung zu erreichen, bis 7 zählen, was die universelle Harmonie ausdrückt oder man bekreuzigt sich vor einer Übung vor seinem Gottessymbol. Dadurch verbindet man sich mit den kosmischen Abläufen, und es fällt leichter, die Übungen bewusst zu vollbringen.

Die Juden machen alles rituell, d. h., dass sie dadurch alles bewusst machen, um alles zu heiligen, und kommen dadurch in ihrer Entwicklung schneller voran.

Man kann sich auch vor seinem Gottessymbol verneigen, sich mit den drei Fingern – Daumen, Zeige- und Mittelfinger – bekreuzigen und dabei sagen, wenn man die einzelnen Körperteile berührt:

Stirn – Jod
Brust – He
linke Schulter – Vau
rechte Schulter – He

So bekommt das Kreuzzeichen seine rituelle Bedeutung.

Oder man macht das sogenannte quabbalistisches Gebet, welches folgendermaßen funktioniert: Breite die Arme in Kreuzform aus und sage:

Vor mir Raphael
Hinter mir Gabriel
An meiner rechten Hand Michael
An meiner linken Hand Uriel.

Auch diese Form der Verehrung drückt die Vierpoligkeit aus.

10. Eine Symbolische Zeichnung des magischen Gleichgewichtes
Anonym

Zu Beginn ein Beispiel der Unausgeglichenheit:

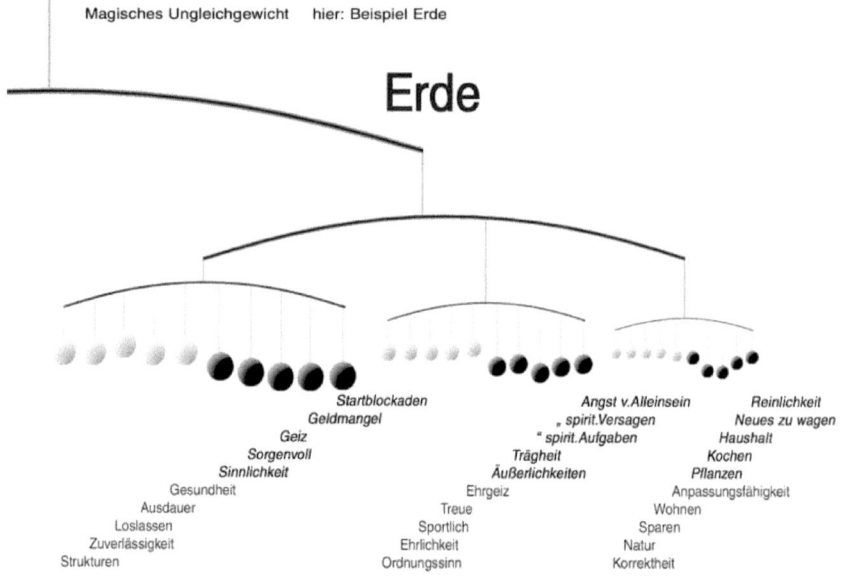

Magisches Ungleichgewicht   hier: Beispiel Erde

Erde

Startblockaden	Angst v. Alleinsein	Reinlichkeit
Geldmangel	„ spirit. Versagen	Neues zu wagen
Geiz	" spirit. Aufgaben	Haushalt
Sorgenvoll	Trägheit	Kochen
Sinnlichkeit	Äußerlichkeiten	Pflanzen
Gesundheit	Ehrgeiz	Anpassungsfähigkeit
Ausdauer	Treue	Wohnen
Loslassen	Sportlich	Sparen
Zuverlässigkeit	Ehrlichkeit	Natur
Strukturen	Ordnungssinn	Korrektheit

Dann das magisch-richtige Gleichgewicht:

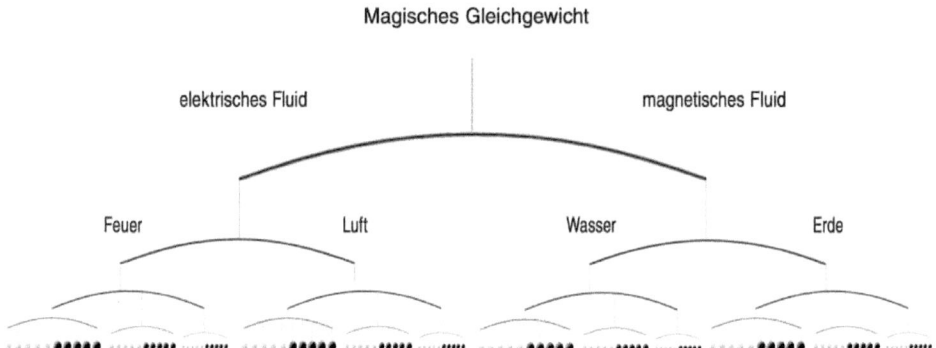

Anzustrebendes Gleichgewicht aller Eigenschaften aller Elemente (pos. = weiß, neg. = schwarz; Quantität: stark, mittel, schwach)

11. Bemerkenswertes über die Runen von F. B. Marby Hohenstätten

Marby hat unter persönlichen Opfern ein Runensystem erschaffen, welches einzigartig ist und nicht nachgeahmt werden kann, da er immer noch als wahrer Praktikant den Schlüssel dazu besitzt. Er sagt selber, dass alle anderen Bücher über Runenmagie erstunken und erlogen sind (mit Ausnahme der Werke seines Freundes und Mitarbeiters S. A. Kummer), weil alle nur aus der „Magie" ihren materiellen Nutzen ziehen wollen. Und die Menschen, *„die die Runensysteme fälschten, wissen gar nicht was sie den Übenden antun mit ihrer gemeinen Fälschung. Die Gefährlichkeit solcher Übungen bleibt für deren Schöpfer nicht ungesühnt!"* Deshalb ist es nicht zu verwundern, dass wir großteils auf Autoren und Schriften hinweisen, die vor dem 2. Weltkrieg lebten oder ihre Bücher verfassten. Alles was danach kam, ist zu 99% verfälscht oder es fehlt der universelle Kern.

Man darf sich nicht an Marbys Rassenideologie stören, er musste seine Werke „mit der Zeit" schreiben. Ich möchte hier nur ein paar erhellende Worte erwähnen, die auf das reine Wissen und die hohe Weisheit Marbys hindeuten, damit man sich mit der wahren Runenmagie beschäftigt, die für jeden Hermetiker von großen Wert ist, wie wir noch anhand von mehreren Aufsätzen über diese Form der Magie darlegen werden.

Man muss sich in die Philosophie der Runen einschwingen, in magische „Raumwerte", welches ein enges Verbundensein mit Gott bedingt! Runen sind Richtungszeichen, Raumwerte, Spannungszeichen, Kraftzeichen, Strömungswerte, Zeichen, des in der Runenübung selbst zur Rune werdenden Menschen!

> „Wer im Runengeist war, dem würde sich alles
> von selbst erschließen", sagt Marby!

Der menschliche Körper ist Antenne und Sender. Die göttlichen Runen sind eine heilige Schrift und Sprache aller drei Ebenen, welche kosmische Richtung, Bewegung und Kraft anzeigen. Die Schrift- und Sprachform legt Zeugnis für die göttliche Schöpfung ab und kann rückführend für göttliche Zeugung im Menschen sein.

Durch die heilig-harmonische Tat – durch die Runenübung – besteht in einer Formung des Körpers, bei der die Bildheit der Schriftzeichen, die Lautströme und die Schwingungen der Sprache zum **Tun** gebracht werden. Durch die Runenübung wird der Mensch geistig, seelisch und körperlich zur Rune, Schlüssel zu allen Geistern, Wesen, Sphären, Kräften und Formen des Seins und der Welt.

Man muss sich in die Lenkung der Gottheit einordnen, anpassen, angleichen und einfühlen, dann kann man in den Wellenraum des Äthers gelangen. Ein jedes Haus muss mit Hilfe von Bausteinen – Balken – gebaut werden. Diese stellen symbolisch die Runen dar in Haus des Schöpfers. Will man an diesem Haus mitbauen, so muss man die selben Balken verwenden, wie dessen Architekt, den die Freimaurer den Großen Weltenbaumeister nennen. Wie oben so unten!

Runen sind Spannungskräfte elektromagnetischer Art, die durch gewisse Stellungen und Worte „her-vor-gerufen" werden können, um sie in bestimmter Art und Weise zu benützen. Denn uns umgeben Höhen-, Tiefen- und Wellenstrahlen, die man durch Formeln auffangen und verarbeiten kann.

Im Buch „Runen raunen richtig Rat" hat Marby geschickt den Rhythmus der Vier untergebracht, ohne zu viel zu sagen, dass nämlich die Runen den vier Elementen unterstehen. Dies alles gehört dem Planeten Jupiter an, der die astrologische Zahl Vier vertritt. Darauf deutet auch seine Einteilung des Erdenstoffraumes in feste, flüssige, feurige und gasförmige hin.

Runenübungen sind die einzig richtigen Gebetsformen, denn wenn der Mensch sich in gewisse Stellungen bringt, gewisse Formeln sagt, macht er sich aufnahmefähig für kosmisch-göttliche Strahlen. Der Mensch ist der Schlüssel, alle verschiedenen Möglichkeiten der Welten aufzuschließen. Das alles hängt von der Einstellung, Reife, Reinheit, charakterlicher Entwicklung und Gesinnung des Runenden ab.

Die ganze Welt besteht aus polaren Wellen und Strahlen, aus Elektro- magnetismus, aus Sympathie und Antipathie, welche alles schöpfen und alles formen. Daraus entstanden Geist, Seele und Körper, welche bewusst erkannt und entwickelt werden müssen. Das geschieht durch Verbindung mit den dynamischen Runenfelder, welche im Raume schwingen.

Die Richtungen sind dem Geistigen gleich. Die Bewegungen sind dem seelischen und die Eigenschwingungen sind dem Körper gleich. d. h., dass wenn wir uns in eine Richtung begeben, so schalten wir uns mit dem geistigen All gleich. Vollführen wir mit unserem Körper gewisse Bewegungen, schalten wir uns mit dem seelischen Werten des Alls gleich und wenn wir Raunen, Sprechen, Singen, Rufen usw. bringen wir unseren Körper in Eigenschwingung und er wird somit mit den körperlichen Werten des Alls gleichgeschaltet. Tun wir dies verbindend, bewusst (=Erdelement), so werden wir rein an Geist, Seele und Körper.

Die germanischen – nicht atlantischen – Runen sind als dynamische Zeichen:

1. Zeichen der Polarität und Spannung
2. Zeichen der Richtung und Spannung
3. Zeichen der Bewegung und des Spannungsaustausches
4. Zeichen der Beharrung, der Verstofflichung und Entstofflichung

Die Runen sind, da der Mensch selbst Ergebnis und Wesen der dynamischen Welt ist,

1. die Bilderschrift des Zustandes, der Formung des Körpers,
2. die Bilderschrift der Richtung des Körpers,
3. die Bilderschrift der Bewegung des Körpers,
4. die Bilderschrift der Eigenschwingung des Körpers in bestimmter Körperstellung des Menschen.

Die Veredelung beginnt beim Körper und geht über ihn zur Seele und dann zum Geist. Man geht vom Groben zum Feinen! Von unten herauf. Das erste ist die Polarisation, dann die Richtung und Spannung. Das Dritte ist die Bewegung, Strömung und Spannungsübertragung. Das Vierte ist die Hemmung der Bewegung und Strömung: Die Verstofflichung!

Die Methode der Runen-Gymnastik ist:

1. Der Mensch erfasst durch Laut- und Ton-Schwingung bei Anpassung der Muskeln den Körper – er kommt dadurch zum Vollbewusstsein des Körpers, lernt ihn zu beherrschen, ordnet seine Gefühle und Gedanken und erreicht Klärung seines Bewusstsein.
2. Der Mensch nimmt entweder ihm dienende Spannung durch Bewegung auf oder wirft Spannung ab – er bekommt sozusagen die Herrschaft über seinen Astralkörper.
3. Der Mensch erfasst in bestimmter Richtung den gestrafften Körper und nimmt bei wechselnder Bewegung bestimmte ausgewählte kosmische Strahlungen auf – er vereinigt sich mit dem reinen Geist.

Durch die Runen-Gymnastik erreicht man:

1. Ein klareres Empfinden (Wasser)
2. ein schärferes Denken (Luft)
3. ein zielbewussteres Wollen (Feuer)

4. eine bessere Gesundheit (Erde)

Der Körper ist Antenne – die Körperrichtung ist die Schlüsselrichtung. Der Mensch ist Empfangsapparat der Strahlen und Wellen, die aus den weitesten Räumen des Kosmos kommen. Aufrechtstehend bietet er sein Rückenmarknervensystem dem Himmel und seinen Kräften an und empfängt darüber die Ströme des Alls, nimmt auch die Erdströme auf, denn im Menschen begegnen sich Himmel und Erde! Da wirken auch die Erdströme mit ihren magnetischen Feldern, welche die magnetischen Ströme im Menschen durch Runenbewegungen verstärken. Es gibt vier den Elementen entsprechenden Himmelsrichtungen:

> Osten – Feuer
> Süden – Luft
> Westen – Wasser
> Norden – Erde

Stellt sich der Mensch auf die Richtungen ein, so entspricht die Richtung von unten nach oben Nord-Richtung, nach unten der Süd-Richtung, der ausgestreckte rechte Arm weist auf die Ost-Richtung, der linke auf die West-Richtung hin. Der Stand des Menschen, Blickrichtung, lässt den Menschen mit dem Erd-Körper sich gleichschalten.

Durch die Sprache, durch die Bezeichnung eines Dinges, wirken wir dadurch auf diese Form ein, denn wir ahmen und formen sie sprachlich nach. Sprechorgan bei der Runenübung ist der gesamte Körper, wenn er bei dem Raunen vibriert. Dann nehmen wir aus dem Mittelpunkt der Erde und aus den unendlichen Weiten des Himmels zwei sich zuströmende Kräfte auf, um sie in uns bewusst zu machen.

Marby verlangt aber wörtlich: „Man hüte sich vor Hass, Neid und brutalen Liebesgedanken. Sexuell sei man sparsam ohne jeden Selbstzwang. Vernunft entscheidet. Man stelle sich in jeder Hinsicht auf Wachstum ein." Und: „Der sicherste Weg ist der langsame Weg, auch schon deswegen, damit die seelischen und körperlichen Umwandlungen sich nicht kritisch in Stimmungskrisen und körperlichen Reinigungskrisen auswirken!"

Auch der Ort, ob am Berg, im Tal, Flüsse und Teiche oder in der Erde spielt bei den Runen eine gewisse Rolle. Aber viel detailliertere Informationen findet der wissbegierige Hermetiker in der „Runen-Bücherei" von F. B. Marby, welche ich jedem nur ans Herz legen kann. Er schrieb manche Dinge, die sich heute noch nicht verwirklicht haben, aber für die Zukunft neue Perspektiven aufwerfen, die man nicht außer Acht lassen sollte!

12. Der Mensch bedarf einer höheren Macht
Paul Brunton

Überall sehen wir heute, dass der Mensch sich selbst missverstanden und dass er nicht erfasst hat, was der Welt-Geist in diesem Zeitalter mit ihm vorhat. Und da wir alle Fehler entgelten müssen, sehen wir überall um uns Not und Elend. Verzweifelt wird nach einem Ausweg aus diesen Heimsuchungen Ausschau gehalten; aber wenige nur finden ihn – denn die meisten suchen in der falschen Richtung. Es gibt nur *einen* richtigen Ausweg, und der heißt: Aufhellung jenes Missverständnisses und Erfassung des Wesentlichen. Das aber bedeutet einen dramatischen Wandel in der moralischen Haltung, einen weitgehenden Verzicht auf materielle Anschauungen und eine sofortige Preisgabe der Gleichgültigkeit auf spirituellem Gebiet. Ein Wandel der Denkweise ist das erste, was vollzogen werden muss, wenn der Zustand der Welt geändert werden soll. Wer sich selbst ändert, tut den ersten Schritt zur Änderung seiner Umgebung, und indem er diese ändert, tut er bereits den zweiten Schritt zur Wandlung seiner selbst. Denn der erste Schritt zur Selbständerung muss auf geistigem, nicht auf physischem Gebiet vor sich gehen. Das materialistische Leben, das der Mensch bisher geführt hat, ist nur ein halbes Leben. Deshalb ist das Beste, das er in diesen schlimmen Tagen tun kann, dass er sich nicht seines Stolzes bedient und ganz offen ist mit sich selbst, dass er sozusagen Buße tut in Sack und Asche. In seiner mentalen Haltung muss er seine radikale Umkehr vollziehen. Er sei jener inspirierten Weisung eingedenk: „Bereue – und du wirst gerettet sein!" Wohl galt dies göttliche Gebot zu aller Zeit, nie aber so wie heute.

Das einzige Heilmittel, das aus dem Weltenchaos der jüngsten Zeit herausführen kann, ist zugleich das älteste. Wer auf wunderwirkende Rezepte wartet, wartet vergeblich. Die naheliegendste Wahrheit ist so alt wie die Menschheit selbst, nur ihr Gesicht ist neu, und das Gewand, in dem sie auftritt, hat sich dem heutigen Jahrhundert angepasst. Vor vielen tausend Jahren verkündete die Bhagavad Gita, Indiens heilige Schrift, das Friede und Wohlergehen bei denen sein werde, die auf die inneren Gesetze horchen und ihnen folgen.

Alle Völker sind heute aufgerufen, die Folgen ihrer Schöpfungen zu tragen, Europäer und Amerikaner genau so wie Inder und Chinesen, die Erben der ältesten Kulturen der Welt. Wir gehören nicht zu denen, die den Orient als

70

einzige Berge der Geistigkeit über alles stellen und den Okzident als vom Materialismus verdorben verächtlich belächeln. Jede Hemisphäre hat ihre eigenen Fehler zu berichtigen, jede ist von dem ihr von Gott zugewiesenen Pfad abgewichen und deshalb sind beide von der Krisis erfasst worden. Alle Völker und alle Rassen sind an einem Punkt angelangt, wo der bisherige Weg nicht mehr weiter verfolgt werden kann, wo es genau so unmöglich ist, weiterzugehen, wie umzukehren. Was aber soll nun geschehen? Das einzig Richtige: Die Abkehr von dem falschen Pfad und die Zuwendung zu einem neuen.

Die letzte Bestimmung der Welt – abgesehen von ihrem momentanen Schicksal – ist es, sich zu vergeistigen. Wer das einmal erfasst hat, wird auch verstehen, dass die menschliche Gesellschaft immer so gut oder so schlecht ist wie ihre einzelnen Individuen, dass keine Magie aus schlechten Einzelwesen eine gute Zivilisation machen kann, eine goldene neue Ordnung aus bleiernen alten Wesen. Er wird dann überzeugt sein davon, dass es eines *edlen Charakters* bedarf, um ein Volk zu führen, nicht aber billiger Schlagworte. Er wird nach der Führung von Menschen Ausschau halten, die ebenfalls hiervon überzeugt sind, und nicht von solchen, die in dem alles verdunkelnden Materialismus befangen sind. Deshalb weist die Philosophie darauf hin, dass der Mensch erst in sich selbst eine Reformation vollziehen müsse, wenn er die menschliche Gesellschaft reformieren wolle. Und deshalb gibt es heute keine größere Aufgabe als die, jenes Wissen über den Menschen zu verbreiten, das er am wenigsten besitzt und am meisten benötigt. Das ist wertvoller als alle Verbesserungen an der Gesellschaft, in der er lebt, obgleich natürlich auch diese an ihrer Stelle absolut richtig und notwendig sind. Die Aufgabe besteht nicht nur darin, wieder und wieder zu versichern, dass nach dem Gesetz der ausgleichenden Gerechtigkeit die Ergebnisse unserer guten und bösen Taten auf uns zurückfallen, einer unwissenden und verblendeten Welt kundzutun, dass das Überselbst existiert und von erhabener Bedeutung ist, zu zeigen, dass es eine erlebbare Wirklichkeit ist und nicht eine Einbildung oder ein spekulativer Gedanke, sondern auch darin einer gleichgültigen, selbstzufriedenen Welt vorzuhalten, dass ihr praktisches tägliches Leben von dem Leben des Überselbst erfüllt werden müsse.

Am Ende wird die Menschheit Zuflucht suchen müssen bei ihren wahren geistigen Führern, nachdem alle andern Führer sie in materiellen Ruin und gegenseitige Zerstörung geführt haben, und nur dort wird sie ihre Zuflucht finden. Die Auffassung, dass solche Führung einem Weltmenschen nichts nütze, ihm, der erfahren sei in den Handeln der Welt und erkannt habe, dass sich Kompromisse im geschäftlichen und politischen Leben nicht umgehen ließen, ist eine Täuschung, die den Ursprung der unnötigen und vermeidbaren Leiden der Menschheit bezeichnet. Es gibt tatsächlich keinen größeren Irrtum als den, solche geistigen Führer als unpraktische Visionäre zu betrachten. Ihre Vision dessen, was in ihrer Umwelt vor sich geht, wird nie von kleinen persönlichen Gesichtspunkten eingeengt. Da sie ihre Sicht von allen engen Vorurteilen befreit und es gelernt haben, die menschlichen Dinge in weitem Oberblick und durch lange Zeiten hindurch zu bedenken, da sie die Begrenzungen einer rein intellektuellen Betrachtungsweise überschritten und sich eine intuitive zu eigen gemacht haben, sind sie nun imstande, den Lauf der Geschichte zu verstehen und den Sinn hinter den Verhüllungen der gegenwärtigen Ereignisse zu erkennen. Sie können jene tiefwurzelnde Sehnsucht des Menschengeistes, einen tieferen Sinn in dem heutigen Geschehen zu finden, befriedigen. Deshalb ist ihre Philosophie nicht belanglos für die zweckerfüllten Tätigkeiten und praktischen Interessen der Menschen. Sie kennen die wahren Ursachen der menschlichen Not, aber auch deren wahres Heilmittel.

Die ewigen Gesetze müssen aufs neue kundgetan, das allgemeine Grundgesetz muss aufs neue offenbart werden. Je eher wir erkennen, dass es geistige Gesetze gibt, die nicht überlistet werden können, desto besser für uns. Nie zuvor ist die Funktion, die der philosophische Weise und der mystische Seher in der Gesellschaft ausüben könnten, so nötig gewesen, nie aber ist sie auch so sehr vernachlässigt worden. Wir finden keine Worte der Bewunderung und Verehrung für ihre Weisheit, ihre Offenbarung und ihre Führung, sondern nur für die mechanische Geschicklichkeit des Ingenieurs, den Erwerbssinn des Kaufmanns, die vorbeugende Geschicklichkeit des Unternehmers.

Die geistigen Führer der alten Zeiten mit ihrem intuitiven oder hellsichtigen Eindringen in das Innere der Dinge, mit ihrem sicheren Wissen um die Wahrheit, die sie ja erfuhren und nicht nur als Meinung äußerten, gaben nur moralische Weisungen gegen all die schlimmen Gefühle und Leidenschaften, besonders gegen den Hass. Heute aber müssen diese Weisungen durch wissenschaftliche Gesetze der Denkkraft unterbaut werden, um uns zu mahnen, dass negative Geistes- und Gemütszustände sich in physischem Streit, Unruhen, Krankheit und Unglück widerspiegeln. Wenn z. B. ein Mensch so leicht sein Gleichgewicht verliert und bei der geringsten Herausforderung in Zorn gerät, ist er manchen Gefahren ausgesetzt, Auseinandersetzungen, Krankheiten, Unglück und dem Verlust von Freunden.

Aus dem Übel, das der Krieg sicherlich ist, erwuchs doch auch ein Gutes. In den Stunden tiefer Not, die die große Auseinandersetzung in so reichlichem Maße herbeiführte, wurden manche, die bisher ein leichtfertiges und materialistisches Leben geführt hatten, durch bisher unterdrückte Instinkte dazu getrieben, nach übermenschlicher Unterstützung Ausschau zu halten. Die schmerzlichen Widersprüche, die dem Materialismus von jeher innewohnten, wurden während des Höhepunktes der Weltkrise im Krieg offenkundig, und die Welt in der Krise entdeckte, dass nur Verwirrung entsteht, wo die höhere Führung fehlt. Für die heutige Menschheit gibt es keine andere Hilfe, als reuevoll und ernstlich nach dieser Ausschau zu halten.

Das Göttliche in uns, das Überselbst, ist immer da, auch wenn wir es nicht glauben wollen, und sein Vorhandensein ist der geheime Grund für die Zuwendung des Menschen zu geistigen Werten, die früher oder später kommen muss. Erst wenn wir ernstlich unser Urgenügen und unsere menschliche Unzulänglichkeit erkennen, ist es wahrscheinlich, dass wir uns jenem Göttlichen zuwenden, um Hilfe und Kraft zu erlangen. Erst wenn wir zutiefst fühlen, wie unvollkommen unser Wissen, wie ungewiss und begrenzt unser Glück, wie schwach und unvollkommen unser Charakter ist, sind wir demütig genug, um bittend und hingegeben unser höheres Selbst um Erlösung anzuflehen. Und nur so ist es uns wirklich möglich, voranzukommen. Die Notwendigkeit, von einer niedrigeren zu einer höheren Lebensform vorzuschreiten, war nie so dringend wie heute. Wir müssen ernstlich aus der Geschichte des verlorenen Sohnes lernen und als Büßer uns im Gebet einer höheren Macht zuwenden.

Wenn der heutige Mensch auf das heutige Geschehen rundumschaut, wird er von dessen Gewaltsamkeit niedergedrückt; schaut er aber nach innen, um den Trost der Seele zu finden, so ist er erstaunt über deren Stille. Wendet da jemand ein, wir wüssten nichts über eine höhere Macht und wir hätten die Fähigkeit verloren, einfach an sie zu glauben, so kann man ihm nur entgegnen, dass es einen Weg gibt, auf dem man durch eigenes inneres Erleben ihr Vorhandensein wahrhaftig erfahren kann. Aber man muss diesen Weg dann bis zu Ende gehen und tun, was er vorschreibt. Das Wort „Klopfet an, so wird euch aufgetan" heißt nicht, dass mit einer einzigen Handlung genug getan sei, sondern es schließt eine ganze Reihe von Handlungen in sich. Und ebenso wenig führt das Klopfen an der falschen

Tür oder auf falsche Weise das gewünschte öffnen der Tür herbei. Dieses eine Wort Jesu, aus seiner tiefen Einsicht in allgemeingültige Gesetze gefasst, enthält eine ganze Reihe von Unterweisungen.

Der demütige Glaube an eine höhere Macht ist dem Menschenherzen ursprünglich eingeboren. Er wird durch den richtigen Gebrauch der Vernunft unterstützt, wenn auch eine einseitige Verstandestätigkeit ihn abdrosseln kann. Möge sich niemand seines Gebetes schämen oder sich seine Meditation verdrießen lassen. Wenn ein Mensch sich zu einem solchen Glauben bekennt oder eins wird mit seiner Seele, heißt das noch lange nicht, dass er damit mangelnde Intelligenz beweise. Weshalb sollte der Mann von heute den religiösen Glauben und die Übungen der Mystik den Frauen überlassen? Hat nicht ein ganzes Sternenheer an bedeutenden Männern der Vergangenheit die Kraft zu ihren großen Taten aus diesen tieferen Quellen geholt? Richtig verstanden, führen Glaube und Mystik nicht zur Schwächung des Menschen oder zur Betäubung seines Geistes; dies geschieht nur durch Aberglauben und falschen Mystizismus. Jene aber erheben den Geist und geben dem *Herzen* Ruhe. Ohne die hingebende Verehrung einer höheren Macht oder die innere Vereinigung mit ihr entbehrt das menschliche Leben seiner höchsten Erfüllung.

In dem offensichtlichen Misserfolg und der schweren Krisis, in der sich die Welt heute befindet, liegt ein großes und heiliges Geheimnis verborgen. Wenn die Menschheit vor einer unübersteigbaren Mauer steht, wenn sie die letzte Grenze des Unglücks erreicht zu haben scheint, wenn die Agonie äußerster Hilflosigkeit sie niederzwingt, dann steht sie nahe, ganz nahe beim Tor. Wenn sie in einem solchen Moment ihr Denken umstellt, durch ernstliche Hingabe an das Göttliche und demütige Unterwerfung des Ego, wenn sie ferner ruhig die Entwertung aller irdischen Dinge annimmt, zu der ehrliches Nachdenken über die Situation führen sollte – dann ist der Höhepunkt ihrer äußeren Leiden und inneren Niederlage erreicht. Wenn sie geduldig, reuevoll, in innerer Umkehr und in Anerkennung eines höheren Sinns des Lebens ihre Arme bittend ins Dunkel streckt und um den göttlichen Frieden fleht, wird sie nicht umsonst bitten. Das höhere Selbst wird ihr zu Hilfe kommen und von dem Bewusstsein, wenn auch nur für kurze Zeit, Besitz ergreifen. Auf geheimnisvolle Weise wird Erlösung nahen und werden rettende Hände sich ausstrecken. Mut und Kraft zum Ertragen des Unvermeidlichen wird verliehen werden, ein ruhiges Herz inmitten der Unruhe des Lebens *(Aus „Die geistige Krise des Menschen")*.

13. Geheimlogen – Logen hinter den Logen
Dr. A. Hemberger

Nach erscheinen der II. Sonderausgabe – Zu Ehren von Franz Bardon – fielen mir noch weitere Schriften bzw. kleinere Hinweise in die Hände, die auf eine Existenz der FOGC-Loge hinweisen. Nur finde ich es eine Unverschämtheit, diese Informationen einfach mit der Begründung wegzulassen, dass sie auf reiner Fantasie begründet sind, obwohl sie vom Praktiker und Wissenden Dr. Hemberger zusammengefasst wurden. Aber lassen wir den Akademiker sprechen:

„Die Frage, ob es Logen hinter den Logen gäbe, also Arriere-Logen, beschäftigt die Historiker und Esoteriker schon seit dem Gründungsdatum der modernen Freimaurerei (1717). Nicht erst Leo Taxil hatte dieses Fakten zur Diskussion gestellt. Allein die Tatsache, dass die Logen der echten und anerkannten freimaurerischen Gruppen stets ein Gradsystem aufweisen, in das man durch mehrfache Initiationen eingeweiht wird, lässt vermuten, dass Stück für Stück das Gesamtwissen dem Initianten enthüllt wird. Es ist also nicht nur der Gedanke der Bewährung, der davon abhält, das gesamte Wissen dem Neophyten mitzuteilen, sondern die Eigenart der freimaurerischen Systeme die darin besteht, dass die Symbole von Grad zu Grad oder von Gruppe zur Gruppe verschieden gedeutet werden. Ja es gibt sogar ein „Ritual der umgestürzten Altäre", wo das bisher Gelehrte als falsch deklariert wird und man dem Freimaurer erklärt, nun erfahre er das eigentliche Wissen (Ritual des 30. Grad AASR). Mit eigener Hand zerschlägt er die drei klassischen Säulen der Weisheit, Stärke und Schönheit, um damit seine völlige Vorurteilslosigkeit zu belegen.
Mit der Öffentlichkeit wird i.a. nur über die blauen Logen verkehrt. Der Profane wird wohl kaum zu den Veranstaltungen einer roten, grünen oder schwarzen regulären Loge, einer „Winkelloge", „gemischten"- oder „magisch arbeitenden Gruppe" eingeladen oder zugelassen. Ganz besonders gilt diese Regelung für die bekanntesten Hochgrad-Systeme, so den „AASR" (33. Grad"), Royal-York-Rite und das „Rektifizierte System". Aber auch der „Freimaurer-Ritter-Orden (FO) lässt keinen Externen zu rituellen Feiern oder Tempelarbeiten zu. Selbst Meister blauer Logen können an den Hochgradarbeiten nicht teilnehmen.
Es gibt also Logen hinter den Logen, ebenso wie es echte Logen-geheimnisse gibt, die was durch ihren esoterischen Inhalt bedingt ist, nicht

jedermann mitgeteilt werden können und dürfen. Der Schweige-Eid, der dem Mysten der Antike abverlangt wurde, gilt heute noch in vollem Umfange für die Freimaurerei der Hochgrade. Besonders Yarker hat sich mit den Hochgraden und ihren Esoterica befasst (The Arcana Schools). In den „Lectures" (London 1832) behandelt er die gesamte geheime Ritualistik der Antients bis zum 33. Grad AASR = 90. Grad Misraim = 96. Grad Memphis, und gibt (wie Pike) eine Erklärung des philosophischen und esoterischen Inhalts. Das oberste Prinzip (Allerhöchster Baumeister aller Welten, AbaW) wird symbolisiert durch die abkürzenden Initialen: T.S.AO.E.U. (op. cit., S. 92). Manche Hochgradsysteme unterhalten Kontakte zu Studienzirkeln. Oft ergeben sich Beziehungen dadurch, dass die meisten „Winkel- und Geheimlogen" grundsätzlich nur Mitglieder höherer Grade aufnehmen. (Meller, A.: „Unsere getrennten Brüder", „Logen, Rituale, Hochgrade"). Für das Okkulte und Transzendente in der Freimaurerei besitzen vor allem die Werke von Oswald Wirth und Ragon Bedeutung.

Die freimaurerischen Grade sind untereinander verzahnt durch einen Schlüssel, der in die verschiedenen Systeme einen Bezug bringt, was Außenstehenden völlig verborgen bleibt.

Die graduelle Stufung täuscht eine Scheinhierarchie vor. Ein Freimaurer, der den 18. Grad AASR wirklich in seiner gesamten Ritualistik sich erarbeitete, kann durchaus mehr Einfluss in der Freimaurer-Weltbruderkette haben als ein nur nomineller, vielleicht sogar „höherrangiger" Gradinhaber. Die Grade bilden keine fortlaufende Kette, sondern in sich geschlossene Gruppen. Daher ist folgende Graduierung möglich: 1°-4°, 18. Grad, 30. Grad, 33. Grad. Die Grade 22-27 sind aufgrund ihres esoterisch-mystischen und philosophischen Inhalts eine Brücke zum System Memphis. Sie werden besonders von den Freimaurern bearbeitet, die großes Interesse und besondere Befähigung für parapsychologische Fragen und Phänomene aufweisen. Ein Freimaurer des 25 Grades AASR kann bspw. durch seine Mitarbeit in der IV. Abteilung des Memphis-Systems mächtiger sein, als ein „nominell initiierter" Inhaber eines „Kadosch-Grades", dem man wegen seiner Unterstellung der weltlichen Belange der Freimaurerei diesen Grad „honoris causa" verlieh.

Das Werk von Schwartz-Bostunitsch „Die Freimaurer" (S. 122) nennt einige Fakten der Verzahnung freimaurerischer Grade.

Zum Fragenkreis der Geheimlogen gehört die Problematik der Regularität.

Die Freimaurerei ist in erster Linie eine Idee und nicht eine Organisation. Deshalb kann das Regulärsein nicht davon abhängig gemacht werden, ob eine Loge Abgaben nach England gezahlt hat oder gewillt ist, dies zu tun. Dies ist die tiefere Ursache der Trennung der französischen von der klassischen englischen Richtung, die nach ihrer Weigerung, die englische Oberhoheit anzuerkennen, bald eigene Gedankengänge im Sinn eines romantischen Systems entwickelte. Von Anfang an hatten jedoch Gegensätze zur englischen Richtung im ideologischen Bereich bestanden. Sie (Frankreich) war stets stärker Gnosis orientiert. Das Doppelgesicht der Aufklärung zeigte sich an ihr besonders deutlich: Antiklerikal-atheistisch und Esoterikerbund mit mystischen und magischen Tendenzen zugleich. Hinter hermetisch verschlossenen Türen lehrte und praktizierte man die hermetische Philosophie.

Wenn es in der „Welt am Sonntag" (7. Mai 1967) heißt: Freimaurer haben kein Geheimnis (Nr. 19, S.5), so sei geprüft und gefragt, warum das Arbeiten unter Ausschluss der Öffentlichkeit stattfindet. „Uneingeweihte unseres Systems", sagt man, „können die Mysterien missverstehen." Das Symbol, das nicht jedem fassbar ist und in transzendente Bereiche durch das Erleben hinüberführen soll, ist ein Geheimnis, das von Grad zu Grad entschlüsselt wird. Das Innenleben wird erfassbar durch Symbolik, Zeichen, Griffe und Lehrinhalte, die im Ritual dem Erleben nahegebracht werden. So will es die freimaurerische Ritualistik und braucht deshalb das „Mysterium Magnum" verbreitende geheime Studienzirkel. Geistige Arbeit kann nicht im „Schaufenster" oder auf dem Marktplatz geleistet werden. Das Forschen braucht die Stille, Muße und das Reifen! In den Zeiten des „Kultus des Unendlich-Ausgedehnten-Äußeren" der radikalen Nivellierung und der „Mehrheitstyrannis" scheint man vergessen zu haben, dass hierarchische Strukturen, im Sinne Platons verstanden, gerechtfertigte Ansprüche geltend gemacht werden können, da sie nicht auf Gold, Besitz, Gewalt, Brutalität und Macht, sondern auf vom Seelisch-Geistigen herrührenden Werten gründen. Das Transzendente, dem „Massenmenschen" Verborgene, sich im Geist und Unterbewusstsein Manifestierende, verleiht dem Würdigen das Charisma im Sinne von Max Weber." Dies alles steht in dem Buch „Die Philosophie der grünen Schlange" (S. 133-35) von Dr. Hemberger.

*

Weiteres steht in seinem Buch „Experimental-Magie" auf Seite 304: *„In München existierte eine Loge, deren Mitgliederzahl sich auf 99 stets* *erstreckte. Die Nummer 100 nahm das Logendaimonion dieser Geheimloge ein. Diese 100 war die Zahl des Baphomet . . . Außerdem war sie dem verstorbenen Großmeister der Fraternitas Saturni, Gregor A. Gregorius = Eugen Grosche, bekannt. Es handelt sich um die sogenannte „FOGC-Loge" des „Freimaurer-Orden des Goldenen Centuriums."*

Dies schrieb Dr. Hemberger bevor Herr Lechler sein Buch „Die ersten Jahre der F.S." veröffentlichte. Letzterer schreibt selbst dort (S. 200), dass als Quintscher bei dem Großmeister brieflich anfragte, ob der Orden der F. S. mit der FOGC in Verbindung stünde: *„Über die anderen Anfragen betreffend Logenangelegenheiten können wir Ihnen keine Auskunft geben, da es sich stets um Geheimlogen handelt."* – Also man sieht, dass Dr. Hembergers Aussage in seinem Buch zutreffend ist und nicht wie die okkulte Szene so überheblich meint, dass Herr Dr. Hemberger ein „Okkult-Spinner" gewesen sei. Er war ein wissender Könner und verfügte über eine riesige Bibliothek und ein noch größeres Wissen!

Doch das ist noch nicht alles. Ich verstehe nicht, wie manche Autoren einfach wertvolle Informationen über Magie und deren Logen weglassen können, nur weil sie glauben, dass die Wahrheit anders aussieht. Wir machen das nicht und erwähnen das Buch des obigen Doktors „Experimentelles Autogenes Training", wo er auf Seite 242 interessantes Trancen beschreibt, die er mit seinen „Schülern" veranstaltete, weil er als Schwarzmagier nicht in der Lage war, hellsehend alles zu erblicken. Er schickte seine Medien ins „Astrale", um gewisse Dinge in Erfahrung zu bringen.

Doch zuvor erwähnen wir eine Evokation-Formel verbunden mit einer Geste, welche auch bei der 99er-Loge angewendet wird. Leo Taxil beschreibt sie in „Les Freres Trois-Points". Man vergleiche die Formel mit der von Frater Daniel in seiner „Luziferanischen Hierarchie":

„Trulu krash kim nikoe . . . Veryamathoben-mulu-istar-nephris . . . Parakomulu-igazzushu-ekimmugallu-zikika-dingir . . . Luluvikos garbenium-lotiphrem-manasko-ix-pax-gremfik . . . Zi-petach-ashar-shimatum-abraxas . . . Samatipoo . . . Soulatheki . . . Bolarik . . . Malarik . . . Abraxarik . . . Libbischu-mahari-shmash . . . Foe! Foe! Foe! . . . Ranu! Ranu! Ranu! . . . Belial-gog! . . . Foe! Foe! Foe! – Die Arme werden nach oben gestreckt und gekreuzt (vgl. diese Stellung mit der Anrufung des Logendämons bei den 99ern. Der Hrsg.), wobei jeweils drei Finger, und zwar Daumen, Zeigefinger und Mittelfinger, gespreizt in verschiedene Richtungen ausgestreckt werden, so dass – im Ganzen gesehen – ein Chi

oder, wenn man so will, ein Aleph-Zeichen entsteht."
Im nächsten Absatz des Buches findet sich die Logenhymne der FOGC,
welcher nach dem Autor Domenico Margiottas Buch „Palladisme" Albert
Pike zugeschrieben wird. Sie soll eine Verehrung des Gottes Baphomet der
Templer sein:

Gennaith-Menngog

„Menngog comflexel aramoun-ir; menngog onnkipour semetior,
Barkeinrath! EL-Gennaith sacramem fousillach-gonn; Marnitou-bost
elkramir soulp orem Frankollmar! Nailous emenn ilpho beyre: Genaith
soutpernel-mounflath Sacramenn! EL-voltamir neyl plousom-grazzinoul-
lah; Barcemnistod el-Genaith- Menngog. Genaith! Bal-alza marein-er,
Soun palem ormour-eln;El-Menngog alza! Gennaith-Menngog!"...
Menn Gog, com!...flegs!...El aram ounir. Menn Gog, onn kippour,semetior.
Bar kein rath! Elgenn aith sacr amenn fours illaah gonn; Mar nitoud os;tel
kra mir; soult orem; Fran koll mar! Nailous emenn ilpho beyre;Genn
atith.Sout per nel moun flath, sacr amenn!El volt amir. Ney!plous om;
grazzin oullah: Barem nist od; El genn aith; menn Gog, Gennaith! Bel alza;
marei ner; Soun palem; or mur eln.El menn Gog, alza! Gennaith, menn
Gog!"

*

Doch nun zur Trance-Szene in Dr. Hembergers Buch über das Autogene
Training:
*„Hemberger spricht nun zu der Gruppe: Der Mensch verkörpert alle vier
Elemente. Feuer – Wasser – Luft – Erde. Er selbst ist aber das 5. Element,
der Fünfstern, das Pentgramm. Daher gebiete man durch Meditation dem
Tiefenich. Über dem Menschen steht der Sechsstern. Will man wirklich
meditieren, muss man Teil dieser Kräfte werden.*
Nun konzentrieren wir uns auf das Feuer:
> *Ich sehe das Feuer, ich imaginiere das Feuer.*
> *Ich imaginiere das Feuer in meine Leibesmitte.*
> *Ich imaginiere das Feuer in mein Rückgrat.*
> *Ich bin selbst das Feuer.*
*Ich sehe das innere Licht, das mich durchströmt. Ich merke mir die
Übungen:*
> *Will ich Feuer üben, imaginiere ich Feuer.*
> *Will ich Wasser üben, imaginiere ich das Meer.*
> *Will ich Erde üben, gehe ich auf einen Berg.*

79

Will ich ein Teil der Luft werden, muss ich auf die Höhe gehen.
Nun aber bin ich Luceph.
Ich nehme Kraft auf, um die Erkenntnis zu gewinnen. – Studenten aus Gießen gibt nun Asra die Hände. – Nun imaginiere ich, dass mir mein Partner die Hände gibt. Ich fühle Ruhe, Geborgenheit. Ich antworte meinem Partner auf seine Fragen. Mein Partner antwortet mir auf seine Fragen.
Hemberger spricht nun Asra alleine an:
H.: Soll ich Dr. W. Aufsuchen? (Asra antwortet ja oder nein. Suche die Antwort.)
A.: Ja.
H.: Wird er mir in der Prüfung gewogen sein?
A.: Ja.
H.: Soll ich also zu ihm gehen?
Hemberger spricht nun wieder zur Gruppe: Ich gebe meinem Partner Antwort. Mein Partner gibt mir Antwort. Tief einatmen. Atem stauen.
Ich hole das Element des Feuers. Ich staue es in meinem Körper.
Ich hole das Element des Wassers. Und staue es in meinem Körper.
Ich hole das Element der Erde. Und staue es in meinem Körper.
Ich hole das Element der Luft. Und staue es in meinem Körper.
Ich habe nun in meinem Körper Feuer – Wasser – Erde – Luft. Ich bin nun:
Feuer und Wasser
Erde und Luft
Yin und Yang
gut und böse
hell und dunkel
Tag und Nacht
Ich bin eins mit mir selbst. Ich bin erfolgreich und stark. Ich bin im alten Tempel. Ich kann die Schriftzeichen lesen. Ich schaue mich selbst. Ich meditiere und summe Aum – Aum. Ich stelle meinem Körper und Atem ruhig. Jede Pore, jede Zelle, jeder Muskel, jedes Organ, jeder Nerv meines Körpers atmet. Tief einatmen. Tief ausatmen.
Hemberger spricht nun Asra wieder alleine an:
H.: Kannst du laut und deutlich sprechen? Sage uns, wo du bist, was du siehst?
A.: Ich bin in der Sonne.
H.: Ich schicke dich jetzt in den Taunus, in ein kleines Dörfchen. Das Dörfchen heißt Haintchen und liegt bei Camberg. Dort ist ein Mann im

schwarzen Frack. Er heißt Daniel. Er ist kahl und alterfahren. Gehe in seine Wohnung und sage uns, was du siehst und wer er ist.

A.: Er ist ein Magier. In seinem Zimmer hängt ein Totenkopf.

H.: Du spricht wahr!

A.: Dort ist eine gläserne Kugel und ein Spiegel. 2x und eine Räucherpfanne. Rauch steigt auf. Er sieht in den Spiegel und in den Rauch. Da ist die Kugel! Es spiegelt sich ein Wesen.

H.: Was für ein Wesen?

A.: Ein menschliches Wesen. Nein, es sieht nur so aus. Es ist transparent.

H.: Wie heißt dieses Wesen? Sprich!

A.: Adiana!

H.: Also ein weibliches Wesen?

A.: Ja. Es ist schön. Es ist nicht bekleidet. Es ist durchsichtig. Es hat lange schwarze Haare.

H.: Was will das Wesen bei Daniel?

A.: Daniel hat es gerufen.

H.: Frage das Wesen, warum es dort ist!

A.: Ich weiß es nicht.

H.: Gut, dann gehe jetzt auf den Speicher. Dort ist eine Kiste. Auf ihr steht FOGC. Schau in die Kiste. Sind noch alle Akten da? Frage Daniel, ob er mir diese Kiste geben wird! Frage ihn auch, ob der Brief aus Südtirol gekommen ist.

A.: Er nickt. Er wird die Kiste abschicken.

H.: Beschreibe seine Frau. Wie sieht sie aus?

A.: Entsetzlich. Fürchterlich dick.

H.: Weiter, was siehst du noch?

A.: Bücher sind dort.

H.: Siehst du Ringe und Steine?

A.: Ringe sehe ich nicht, aber Steine sind da. Er hat eine Steinsammlung in Gläsern.

H.: Was sind das für Steine?

A.: Quarz, Glimmer, vulkanisches Gestein, Lava.

H.: Hat Daniel geheime Akten? Sage es mir, schau nach!

A.: Er wird sie erst nach seinem Tode herausgeben.

H.: Wird er sie dann mir geben?

A.: Ja.

H.: Ich danke dir, Asra. Und wir bedanken uns bei Luceph. Wir kehren wieder in unsere Körper zurück. Wir wissen, dass das Autogene Training eine Willensschulung ist. Ich beende die Übung. Tief und fest ausatmen. Recken und strecken. Augen auf. Wir sind frisch und munter.

*

Man sieht aus all dem hier zitierten, dass da doch einiges Wahres daran sein muss an den Legenden über den „Freimaurer-Orden des goldenen Centruiums".

14. OM!

Om! Alles! Erde, Mittelregion, Himmel
unendlicher Raum, Ewigkeit, Gott! Last uns
unsere Seele erheben und unser Bewusstsein
sich versenken in dem anbetungswürdigen Lichte
jener göttlichen Lebenssonne der Weisheit,
durch welche unser Geist erleuchtet werden soll!

Die heilige Silbe **Om** oder **Aum,** im Geiste der Wahrheit innerlich
ausgesprochen, ist zugleich eine Anrufung des Höchsten, eine Segnung für
alle Geschöpfe, eine Bejahung der ewigen Wahrheit und ein Gelübde der
Reinheit; es bedeutet die Entsagung von allem Irdischen, die Anerkennung
des Ewigen, die Unsterblichkeit selbst.
Die Mandakya Upanishad sagt:
„Das ewige Om ist das All. Seine Ausbreitung ist Alles das war, ist oder
sein wird, und auch was über diesen drei Zeiten – die Ewigkeit – ist. Alles
dies ist das Ewige, das Selbst, und dieses Selbst ist der Ewige, und der
Ewige hat vier Stufen:
Auf der ersten Stufe steht er im wachenden Leben (Sinnlich); äußerlich
wahrnehmend, siebenfach; mit neunzehn Schlünden genießt er
grobsinnliche Dinge; er ist offenbar als das irdische Feuer (Kraft).
Auf der zweiten Stufe steht er im Traumleben (Gemüt); innerlich
wahrnehmend, siebenfach; mit neunzehn Schlünden genießt er die feineren
(übersinnlichen) Dinge; er ist offenbar als das Leuchtende (Licht).
Auf der dritten Stufe findet er Ruhe (Geist), er begehrt nach keinen
Begierden und träumt keine Träume. Dies ist das traumlose Leben. Er
findet die Einheit, seine Erkenntnis ist einheitlich; er ist gnadenvoll und
erfreut sich des Segens; sein Mund ist die Erkenntnis; er ist offenbar als die
Erleuchtung (Intuition). Dies ist der Allherrscher, der Allerkennende, dies
ist der innere Führer, die Mutter von allem, der die Leben offenbart und sie
wieder der Offenbarung entzieht.
Auf der vierten Stufe (Nirwana) ist es, wo der Ewige (Gott) weder innerlich
noch äußerlich, noch auf beide Arten, noch auch einheitlich eine
Wahrnehmung hat, weder wahrnimmt, noch nicht wahrnimmt. Ungesehen,
unfühlbar, unerfasslich, ohne Merkmal, unvorstellbar, unbeschreiblich,

dessen Selbst sein eigener Beweis (für sein Dasein) ist, in welchem die fünffache Welt nicht mehr vorhanden ist, ruhevoll, segensvoll, alleinig. Dies ist die vierte Stufe (des Bewusstseins). Dies soll als das (wahre) Selbst erkannt werden, das Alles in Allem.

Dieses Selbst ist wie das unwandelbare OM und wie dessen Stufen. Die Stufen des Selbsts sind wie die Maße; die Maße sind die Stufen. Diese Maße sind A-U-M.

A. Das irdische Feuer, das im wachenden Bewusstsein steht, ist wie A, das erste Maß, weil es zuerst sich erhebt und erreicht (Kraft).

U. Das Leuchtende, welches im Traumbewusstsein steht, ist wie das U, das zweite Maß, weil es beide vereint (AU = O) (Erkenntnis).

M. Das Erkennende, welches im traumlosen Leben steht, ist M, das dritte Maß, weil es das messende und von derselben Wesenheit ist. Wer es so erkennt, ermisst alles und wird des Gemessenen Wesenheit (OM) (Liebe).

AUM. Unmessbar das Vierte (AUM), das Unfühlbare, wo die fünffache Welt zur Ruhe kommt, das Helle, das Unvergleichliche. Somit ist Om wie das Selbst (Weisheit).

Durch das Selbst erlangt das Selbst, wer es als solches erkennt."

Was im Mikrokosmos als „Geist", „Gemüt", „Seele" (Manas) bezeichnet wird, wird im Makrokosmos „das Scheinende", oder, je nach dem Standpunkte, von dem man es betrachtet, „Äther", „Raum", „Weltseele", „Allbewusstsein" (Mahat) genannt. Dies ist das Ewige, Alleinige, das Wesentliche im Weltall sowohl als in jedem Geschöpf.

Ferner heißt es in der Chhandogya Upanishad:

„Dieses Ewige hat vier Stufen (der Offenbarung) im Mikrokosmos, nämlich:

    a. Das schaffende Wort.
    b. Die Lebenskraft.
    c. Das Sehen, und
    d. Das Hören.

Im Makrokosmos tritt es auf als:

    a. Irdisches Feuer (Leben).
    b. Luft (Gedanke).
    c. Sonne (Erkenntnis).
    d. Ewiger Raum (Unendlichkeit).

Das schaffende Wort ist eine von den vier Stufen des Ewigen. Es durchscheint und durchglüht das irdische Feuer (das Leben) als dessen Licht. Wer es auf diese Weise erkennt, der leuchtet und glüht in Verklärung, Herrlichkeit und ewigem Licht.

Die Lebenskraft ist eine von den vier Stufen des Ewigen. Sie durchscheint und durchglüht die Luft (den Gedanken) als deren Licht. Wer es auf diese Weise erkennt, der leuchtet und glüht in Verklärung, Herrlichkeit und ewigem Licht.

Das Sehen ist eine von den vier Stufen des Ewigen. Es durchscheint und durchglüht die Sonne (die Erkenntnis) als deren Licht. Wer es auf diese Weise erkennt, der leuchtet und glüht in Verklärung, Herrlichkeit und ewigem Licht.

Das Hören ist eine von den vier Stufen des Ewigen. Es durchscheint den ewigen Raum (die Seele) als dessen Licht. Wer es auf diese Weise erkennt, der leuchtet und glüht in Verklärung, Herrlichkeit und ewigem Licht."

Wenn es überhaupt schwierig ist, in einer Übersetzung den Sinn des Originals wiederzugeben, besonders wenn es sich dabei um geistige Dinge handelt, für welche es weder intellektuelle Begriffe, noch genau bezeichnende Worte gibt, so tritt diese Schwierigkeit in den obigen Upanishaden in solcher Größe hervor, dass sie wie eine Unmöglichkeit erscheint. Im Sanskrit-Text ist jedes Wort von einem „Aroma", einer Bedeutung, einer dahinter liegenden Wahrheit durchdrungen, die sich im Deutschen nicht nachahmen und nicht wiedergeben lässt. Wer die Zustände, um die es sich hier handelt, nicht kennt, und wem die eigene geistige Intuition nicht zu Hilfe kommt, der wird auch den Sinn der besten Übersetzung dieser Upanishaden (und auch das Original selbst) nicht verstehen. Deshalb sind diese Dinge nicht für die Philologen, sondern für den Esoteriker geschrieben, dem nicht blass das Licht der Grammatik, sondern das Licht der geistigen Erkenntnis zu Hilfe kommt. Mit anderen Worten: Um das innere Wort und Licht zu empfinden und zu erkennen, muss es in uns selbst in seiner Kraft offenbar werden und unser Bewusstsein erfüllen. Damit dies aber geschehen kann, muss die Seele sich durch die Kraft dieses Geistes zum Lichte erheben und in der Kraft dieses Geistes das Machtwort sprechen, das seinen Ausdruck findet im heiligen OM.

Unter den vier „Maßen" oder Bedeutungen des Om sind zu verstehen die vier Bewusstseinszustände; nämlich das sinnliche Leben, das Leben im Denken, das geistige Selbstbewusstsein und das allumfassende göttliche

Leben ohne Selbstheit, das niemand beschreiben kann. Die Upanishad sagt: „Wer das OM im ersten Maße erfasst, der wird schnell in der Welt wiedergeboren. Er tritt ins menschliche Dasein ein und wird groß."

„Das OM im ersten Maße erfassen" ist gänzlich im sinnlichen Dasein zu leben; es ist der erste Bewusstseinszustand, der erste Schritt des ewigen Ichs auf dem Wege zur Selbsterkenntnis. Es ist ein ganzes irdisches Menschenleben, ein einziger Tag im Leben des Ewigen.

In Bezug auf das „zweite Maß", das Traumleben nach dem Tode des Körpers, aber heißt es:

„Wie die Strahlen der untergehenden Sonne alle in deren leuchtendem Kreise sich sammeln, und beim Aufgehen derselben wieder ausgestrahlt werden, so wird alles dies (Bewusstsein) in dem höheren, leuchtenden Einen, dem Geiste, gesammelt, so dass der Mensch weder hört, sieht, riecht, schmeckt, noch spricht, noch nimmt oder besitzt, weder hervorbringt noch bewegt. Man sagt: Er schläft.

Somit erfreut sich dieses Leuchtende. Der Geist, seiner Größe im Traum. Dinge, welche vorher gesehen wurden, sieht er wieder; was gehört wurde, hört er wieder; was wahrgenommen wurde, nimmt er wieder wahr. Sichtbare und unsichtbare Dinge. Hörbare und unhörbare Dinge. Wirkliche und wesenlose Dinge. Er sieht es Alles; als Alles sieht er es."

In diesem Traumleben tritt die Seele in einer Hülle auf, welche der Geist nach dem Vorbilde des physischen Körpers gebildet hat; eine Traumgestalt, mit tätigen, wahrnehmenden, lebendigen und innerlichen Kräften, durch die Vorstellung, nach dem Muster des äußerlichen Körpers hervorgebracht. Man sagt: „Er schläft"; und dies ist nicht nur der Schlaf einer einzigen Nacht, sondern der lange Schlaf des Todes, der zwischen den Erdenleben liegt. In der mystischen Silbe OM bedeutet der zweite Buchstabe, das zweite Maß, diesen Schlaf.

„Und wer sich in das zweite Maß vertieft, der erlangt das Paradies, die Welt zwischen Erde und Himmel. Dies ist die Welt des Mondes (d. h. die Welt der Träume und Phantasie, der Vorstellungen und des Wissens), und nachdem er die Helle der Welt des Mondes erfahren hat, wird er wiedergeboren."

Die Seele genießt ihr Dasein im „Paradies", welches die wiedergespiegelte Welt des Himmels, aber immer noch einen Schritt entfernt von dem wahren Lichte, der (geistigen) Sonne der Weisheit (der Herrlichkeit Gottes) ist. Das Selbst in seinem Traumgewande erwacht, und ein neuer Mensch wird geboren. Das ist das „Traumbewusstsein", der zweite Schritt.

„Wenn aber der Geist in das leuchtende Eine gehüllt (in das göttliche Selbst eingegangen) ist, so träumt er nicht mehr; denn in ihm geht die Seligkeit auf. Und wie die Vögel am Abend in den Bäumen sich zur Ruhe niederlassen, so kommt alles dieses zur Ruhe im höheren Selbst; denn dieses Selbst ist zu gleicher Zeit das Sehende, Empfindende, Hörende, Riechende, Schmeckende, Wissende und Vollbringende."

Dies ist das „traumlose" oder vielmehr das über alles Träumen und Vorstellen erhabene Geistesleben; der dritte Schritt des Selbsts. In diesem Zustande hat dieses Selbst keinen physischen Körper mit seinen Sinnesorganen und keinen „Traumkörper" (Astralkörper) mit seinen Organen mehr nötig; es sind in ihm alle Wahrnehmungsfähigkeiten in einer einzigen Kraft vereinigt (in der Kraft der Erkenntnis), und seine wirkenden Kräfte in einem einzigen Willen. Dies ist auch der Zustand göttlicher Seligkeit.

„Denn wenn ein Mensch eine Nacht wählen sollte, in welcher er gar nichts träumte, und sie mit allen anderen Nächten und Tagen seines Lebens vergleichen, und dann sagen sollte, wie viele von jenen Tagen und Nächten seliger waren als jene Nacht, so würde er sie leicht zählen können. Dies ist aber nicht nur wahr in Bezug auf einen gewöhnlichen Menschen, sondern trifft sogar auf den König selbst zu. Und wenn der Tod diesem gleicht, so ist er ein wunderbarer Gewinn."

Im Leben „jenseits des Träumens" genießt das Selbst die Fülle seiner eigenen Seligkeit. Es ist reiner Wille und reine Erkenntnis. „In jenem traumlosen Leben," sagt Sankaracharya, „ist das Kleid des Selbsts aus dem unbeschreiblichen Zauber gewoben, welcher vor dem Selbst dessen absolute Einheit mit dem Ewigen verbirgt." Diese Hülle des Selbsts, dieser dünne Zauberschleier, mit welchem das Selbst umgeben ist, bleibt durch die ganze Reihe von Geburten und Wiedergeburten dieselbe, sie bringt immer wieder die zwei mehr „stofflichen" Körper hervor, vermittelst welcher das Selbst im materiellen Dasein und im Lande der Träume seine Erfahrungen macht. Es ist der „Grund von allem", der Offenbarer und „Zurückzieher" aller Lebenserscheinungen. Dieser dritte Bewusstseinszustand ist durch das dritte Maß von OM symbolisiert.

„Wer aber die drei Maße zugleich (=Drei-Sinneskonzentration!) erfasst, und durch dieses unwandelbare Om in den höchsten Geist eingeht, wird das Licht, die Sonne selbst; er verlässt alle Sünde, so wie die Schlange ihre Haut abstreift."

Und während die Welt des „Mondes" das immerwechselnde Paradies der

Empfindungen und Wahrnehmungen ist, ein Abglanz der Sonne, so ist die „Sonne" selbst das ruhige Selbstleuchten des wahrnehmenden Selbsts, und dieses wahrnehmende Selbst ruht in dem höheren unveränderlichen Selbst, welches der vierte Schritt des Ewigen ist. Hoch über den Wogen des Ozeans, wo Geburt und Tod herrschen, erhaben über die „drei Zeiten", über alles was war, ist oder sein wird, ist das göttliche Leben des Selbsts in ewiger Ruhe und Vollkommenheit. In ihm sind Wille und Weisheit Eins. Da ist keine Trennung zwischen dem Erkennen und dem Erkannten, und deshalb kein Erkennen; aber dafür der göttliche und vollkommene Geist aller Erkenntnis. Da ist kein Unterschied zwischen dem Wollen und dem Gewollten, dem Vollbringer und dem Werk. Deshalb ist da kein Wille und kein Tun; aber dafür der göttliche und vollkommene Geist alles Willens und Tuns; denn das Selbst ist Eins mit dem Ewigen geworden, es hat seine ursprüngliche Einheit mit dem Ewigen wieder erneut; es gibt in ihm keine Grenze oder Teilbarkeit, oder irgendetwas, das weniger ist als das Ewige selbst.

Vierfach erscheint somit das Ewige, und **vierfach** das Selbst, welches das Ewige ist.

Das Ewige tritt auf in vier Weisen, nämlich:

1. Die Außenwelt.
2. Die innere Welt (Astralwelt).
3. Die göttliche Welt.
4. Die Gottheit in ihrem göttlichen unbegreiflichen Selbst.

Das Selbst erscheint in vier Arten, nämlich:

1. Der wachende Zustand des äußeren Lebens; sei es ein Lebenstag oder ein Erdenleben.
2. Das Traumleben; sei es eine einzige Nacht oder eine Periode des Lebens im Paradies, welche zwei Dasein verbindet.
3. Das über alles Träumen erhabene (selbstbewusste) Leben, welches höher ist als das Leben des Wachens und das Leben im Paradies.
4. Das unerfassliche göttliche Leben als das Ewige in sich selbst.

So erscheint das Ewige in vierfacher Form und das scheinbar vierfache Selbst, welches das Ewige ist, und diese vier Arten seiner Offenbarung sind dargestellt durch das mystische OM.

Aber wir werden den tieferen Sinn dieser Lehren von den vier Stufen des Daseins und den vier Schritten des Selbsts erst dann ergründen, wenn wir begreifen, dass diese vier Stufen und Schritte die vier großen Stationen der Seele auf ihrem Wege zur höchsten Vollkommenheit darstellen.

Der erste Schritt ist das äußerliche Leben des natürlichen, unschuldigen, tierähnlichen Menschen. Hier ist das göttliche Selbst unter der gröbsten Hülle verborgen, macht seine Erfahrungen und erlangt Wissen vermittelst der äußeren Natur, mit welcher es infolge seiner physischen Beschaffenheit in Berührung kommt. Dieser unschuldige Tiermensch lebt, ohne über seine Bestimmung nachzudenken, stirbt ohne Furcht, und wird, ohne in das Traumleben des Paradieses einzugehen, wieder geboren. Sein tierisches Leben ist unschuldig und bewunderungswert, so lange es nicht Eigenschaften annimmt, welche ihm den Weg zu einem höheren oder mehr gottähnlichen Dasein verlegen.

Dann kommt der zweite Schritt. Der große Traum fängt an, wenn im Menschen die Dämmerung des eigenen Denkens beginnt, und er von Himmel und Erde, von Sternen und Meeren Unterricht erhält. Da fängt das Leben der Phantasie und des Schwärmens, das Leben, der Gemüts- bewegungen und Leidenschaften an. Nun kommen Hoffnung und Furcht, Liebe und Hass, Wünsche und Enttäuschungen, und wie die Träume dieser Welt alle heißen, mit denen das irdische Dasein durchwoben ist.

Nach dem Traume kommt das Erwachen. An die Stelle der Hoffnung und Furcht tritt der Besitz, an die Stelle von Liebe und Hass die Vereinigung, in welcher es keine Trennung gibt. Statt der Vergnügungen der Welt und des Paradieses, die Seligkeit der Gegenwart des göttlichen Daseins. Dies ist die wahre „Traumlosigkeit", welche besser als alle anderen Zustände ist.

Das Geheimnis des Ewigen ist, dass es ein Erwachen vom Traumleben gibt. So schön auch der Traum sein mag (auf Erden oder im Himmel), das Erwachen ist noch schöner; nur die Seher kennen es und sie können es nicht in Worten beschreiben.

Im Reiche des Traumes leuchten unsere Lampen, bis das Öl zu Ende geht; die abgepflückten Blumen verwelken; aber die Sonne leuchtet in ihrem ewigen Licht. Das „Traumleben" überschattet das physische Leben; wir träumen, indem wir zu wachen glauben; aber das wahre Erwachen tritt erst dann ein, wenn der Tag der Erkenntnis der Wahrheit kommt. Das sind die drei Schritte, welche die Seele auf dem Pfade des ewigen Lebens macht; die drei Maße, mit denen sie gemessen werden kann. Unermesslich ist das vierte, ohne Maß, unanfassbar, in welchem das All aufgeht und verschwindet. Durch das Selbst erlangt das Selbst, wer es so erkennt.

Om Mani Padme Hum!

Franz Hartmann

Weitere Bücher aus dem Christof Uiberreiter Verlag:

Das goldene Blatt der Weisheit
Seila Orienta/Franz Bardon

Zum ersten Mal in der okkulten Literatur wird die 4. Tarotkarte des Hermes Trismegistos verständlich beschrieben und offengelegt. Sie beinhaltet unbekannte Konzentrations- und Meditationsübungen. Des Weiteren gibt sie Hinweise und erklärt die Unterschiede zwischen Magie und Mystik und Gefahren des einseitigen Weges. Am Ende steht die Verbindung mit der universellen Gottheit, dem Herrn der Sonnensphäre, welcher quabbalistisch „Metatron" genannt wird.

*

5. Tarotkarte – Mysterien des Steins der Weisen
Seila Orienta/Franz Bardon

Dieses Buch stellt die Vorderseite der Alchemie dar, die die einzelnen praktischen Übungsschritte erklärt, ohne die verschlüsselten Mystifikationen der alten Alchemisten auch nur annähernd zu erwähnen, wie man es aus den anderen Büchern des Franz Bardon kennt. Es wird erklärt, dass ohne vollkommene Beherrschung der 4 Elemente keine Alchemie möglich ist. Des Weiteren wird mit den einzelnen Ebenen, mit den Matrizen, dem elektromagnetischen Fluid usw. gearbeitet. Doch der Hauptpunkt stellen die göttlichen Eigenschaften wie z. B. die Allmacht dar, mit denen der Göttliche Stein der Weisen durch gewisse Übungen geladen wird.

*

Talismanologie und Mantramkunde
Seila Orienta/Franz Bardon

Zum ersten Mal werden hier (magisch) geladene Mantrams – Gebetssätze – preisgegeben, welche bei nötiger Reife, Ausgeglichenheit und Reinheit durchdringende Erfolge versprechen. Mantrams sind ja nach Bardon nicht irgendwelche „Suggestionssätze", sondern sie sind Ideenausdrücke, mit denen man mit Mächten, Kräften, Eigenschaften, also Gottheiten, in Verbindung kommen kann. Gleichzeitig werden die dazugehörigen Siegelzeichen der göttlichen Ideen preisgegeben, welche im rituellen

Zusammenhang mit den Mantrams stehen. Ein Buch, dass nicht nur die Hermetiker sondern auch die Anhänger der Yogawissenschaften inspirieren wird!

*

Eine Sammlung der schönsten und lehrreichsten Beschwörungsgeschichten
Hohenstätten

Dieses Buch ist einzigartig, denn es zeigt den zweiten Band von Franz Bardon an Hand von interessanten Evokationsberichten, die genau das bestätigen, was Bardon in seinem Buch geschrieben hat, und noch darüber hinaus. Es werden sensationelle Erlebnisse geschildert, die man sonst niemals findet. Auch aus unveröffentlichten Schriften wird zitiert.

*

Verkörperungen des Meister Arion
Hohenstätten

Man wird beim Lesen dieses Buches nicht glauben, wie viele bekannte und unbekannte Inkarnationen Franz Bardon hatte. Die paar, die im „Frabato" bekannt gegeben wurden, stellen nur einen geringen Teil seiner Verkörperungen dar. Wir mussten, da es dermaßen wenig Literatur über die Verkörperungen gab, wieder hunderte und aberhunderte von Büchern, Aufsätzen, Zeitschriften und Artikeln durcharbeiten, bis wir genügend Material für dieses Buch hatten. Aber der Leser wird sich beim Lesen sicherlich über unsere Arbeit freuen, denn sie wird ihn in Erstaunen versetzen!

*

Shamballa, der goldene Tempel des Lichts
Hohenstätten

Dieser Tempel dürfte jeden Leser von Bardons Roman „Frabato" fasziniert haben. Dass es aber in der okkulten Literatur noch viel mehr Informationen darüber gibt, die man aber nur findet, wenn man alles Veröffentlichte gelesen hat, dürfte dem einen oder anderen unbekannt sein. Es wurden wieder ganze Stöße von Büchern durchgesehen und das Ergebnis wird hier veröffentlicht. Es wird aber gleichzeitig darauf hingewiesen, wie viel Schundliteratur es darüber gibt, wie viel Lügen im Umlauf sind, damit sich der Schüler der Hermetik ein klares Bild machen kann. Wir bringen in diesem Buch alles, was wir an Material darüber gefunden haben und es wird auch noch einiges aus der eigenen Erfahrung, was das Wertvollste ist, mitgeteilt. Nicht nur über den Tempel wird berichtet, sondern auch über die damit verbundene „Bruderschaft des Lichts", dessen Sitz er darstellt.

*

Auf der Suche nach Meister Arion
Hohenstätten

Diese Autobiographie eines Schüler der Hermetik des Franz Bardon schildert sein magische Leben, in welcher zahlreiche Erfahrungen zu den Übungen aus dem Adepten geschildert werden, die die Haupt- person selbst erlebt hat. Es wird der schwere Weg des Adepten aus autobiographischer Sicht gezeigt, seine vielen Tiefschläge, aber auch seine glanzvollen Seiten und Zeiten. Der harte Kampf mit dem Seelenspiegel wird bis in alle Einzelheiten aufgezeigt, genauso wie die vielen anderen Wege, in welche der Autor reinschnupperte um dadurch reichlich Erfahrung sammeln zu können. Darüber hinaus enthält es unzählige Erfahrungen und Berichte betreffs Mantramistik nach Bardon, die wahre Runenmagie, zahlreiche Evokationen sowie Invokationen mit seinem Lehrer Anion, einen magischen Exorzismus, wie er bisher noch nie öffentlich geschildert wurde. Mentalreisen, Beeinflussungen, Übungen zur Gottverbundenheit, Erscheinungen, Alchemie, Heilungen mit den verschiedensten magischen Methoden z. B. Quabbalah oder durch die Elemente, Schutzgeist- evokationen und viele andere magische „Wunder" seines Freundes und Lehrers Anion. Auch einige magische Fotos in Farbe, ein bisher von Bardon unveröffentlichtes Akashafoto von Christus und ein Bild des schwebenden Meister Arion werden in diesem Buch preisgegeben. Der Inhalt ist viel reichlicher, als hier kurz beschrieben werden kann.

*

Magisches Gleichgewicht
Hohenstätten

Dieses Buch zeigt eindeutig, dass in allen anderen Systemen das „Gleichgewicht" genauso gebraucht wird, wie bei Bardons Werken. Er war nicht der einzige, der das erwähnte, aber er war der erste, welche es deutlich erklärte, denn die anderen Systeme sprachen nur durch das Symbol, welches nicht jedem Leser verständlich war. Obendrein bringen wir noch unveröffentlichtes vom Meister Arion zu dieser Grundlage der magischen Entwicklung.

*

Das Leben und die Erfahrungen eines wahren Hermetikers
Seila Orienta

Diese Autobiographie eines Magiers ist unübertroffen, denn bis jetzt hat kein einziger, okkult Geschulter, so offen und ehrlich gesprochen wie Seila Orienta. Er gibt in diesem Werk sein Leben bekannt, sowie seine zahlreichen und äußerst interessanten Erlebnisse und Erfahrungen. Es werden auch zum ersten Mal Fotos von Wesen der Sphären gezeigt, welche Franz Bardon höchstpersönlich in den 20ern gemacht hat. Des Weiteren schreibt Seila Orienta über die Sphären, über Dämonen, Logenkontakte und vieles vieles mehr, was einem ehrlich strebenden Hermetiker das Herz übergehen lassen wird.

*

Das Leben des Franz Bardon
Hohenstätten

Dieses Buch beschreibt das Leben des Meisters außerhalb des Frabatos, welches seine Sekretärin – Otti V. – geschrieben hat. Es beinhaltet Erklärungen zu seiner „Biografie", weitere Einzelheiten über den Kampf mit der FOGC, seine Beziehung zu Wilhelm Quintscher und anderen Okkultisten, was alles bisher unbekannt war! Des Weiteren werden viele Erlebnisse seiner Schüler in Prag erzählt, verschiedene magische Leistungen und interessante Geschichten Bardons beschrieben, die bis dato unveröffentlicht sind. Es werden auch seine drei Lehrwerke und deren Wirkung auf die Öffentlichkeit von einem anderen, unbekannten Standpunkt geschildert, welcher durch bisher schwer zugänglichen Schriften unterstützt wird. Als Krönung wird seine aus dem tschechischen übersetzte „Runenschrift" zum ersten Mal veröffentlicht. Auch einige Seiten aus anderen unveröffentlichten Schriften von ihm sowie interessante Fotos des Meister Bardon und seiner Freunde werden hier Preis gegeben und vieles, vieles mehr.

*

In Verbindung mit der Gottheit
Hohenstätten

Über das Thema der Gottverbundenheit mit all seinen Formen und

Methoden wurde bis heute noch nie ein Buch verfasst geschweige denn eine Schrift geschrieben. Man findet in der okkulten wie in der östlichen Literatur nur spärliche Hinweise, die größtenteils verschlüsselt sind oder so geschrieben wurden, dass man sie kaum versteht. Im Gegensatz dazu wird in diesem Buch offen dargelegt, dass das 1. kleine Arkanum der 78 Tarotkarten die Gottverbundenheit in ihrer Reinform darstellt.

*

Hermetische Heilmethoden
Hohenstätten

Dieses Buch stellt in der okkulten Literatur ein absolutes Unikum dar, denn über die Gesamtheit der okkulten Heilmethoden wurde bis jetzt noch NIE etwas sinnvolles geschrieben. Es werden alle Heilmethoden erwähnt, die der hermetische Schüler mit Hilfe seiner bisher erlangten Konzentrationsfähigkeit ausüben und verwenden kann.

*

Erste hermetische Zeitschrift

„Der hermetische Bund teilt mit" ist eine der wenigen magisch-mystischen Zeitschriften, welche sich soweit als möglich auf die universelle Lehre von Franz Bardon bezieht. Sie versucht sich an die Gesetze des 4-poligen Magneten zu halten und vermittelt Wissen sowie Hinweise für die Praxis, damit der Leser die Möglichkeit hat, sie in seinen hermetischen Weg aufzunehmen und für sich gewinnbringend zu verarbeiten.

Noch viel mehr hermetische Literatur finden Sie auf unserer Website: http://www.hermetischer-bund.com.

Viel Vergnügen beim Stöbern!

Der Verlag